AF569337

PUBERTÄT

WENN KINDER ERWACHSEN WERDEN

Wie Sie sich auf das Teenager Alter Ihres Kindes richtig vorbereiten und jede Situation intelligent und mit Liebe meistern – Der praxisnahe Erziehungsratgeber

INHALT

Vorwort

Wenn Eltern peinlich und Türen geknallt werden oder plötzliche Stimmungsschwankungen auf der Tagesordnung stehen, dann befinden wir uns in der Pubertät.

Normalerweise sollte uns allen dieser außergewöhnliche Zustand bekannt sein, denn schließlich haben wir ihn ja selbst einmal erlebt. Allerdings können wir uns kaum daran zurückerinnern und so müssen wir mit unseren Kids gemeinsam noch einmal durch diese chaotischen Jahre durch.

Es ist schon wirklich dramatisch für Eltern, wenn ihre lieben Kleinen – die einen lieb hatten und zu einem aufgeschaut haben – plötzlich zu Rebellen werden. Egal, was Eltern machen, es ist im Normalfall einfach doof und peinlich. Grundsätzlich ist es da auch völlig egal, ob man mit Mädchen oder Jungen zu tun hat. Sie flippen alle früher oder später einmal aus. Die einen mehr und die anderen weniger. Es ist, als würde die Natur den Eltern den Abschied von ihren "Kleinen" erleichtern wollen, indem sie sie unausstehlich werden lässt.

Die Pubertät ist unvermeidbar und nötig, um aus Ihrem Kind einen Erwachsenen werden zu lassen. Jeder Mensch muss seinen eigenen Weg finden und seinen Platz in der Welt, auch Ihr Kind. Natürlich wird es Phasen geben, die als Eltern schwer auszuhalten sind, und es wird auch heftige Reaktionen geben. Aber genau das ist notwendig, damit Ihr Kind später eine innere Unabhängigkeit erringen und ein eigenständiges Leben aufbauen kann. Die Pubertät hat mit Hormonen zu tun und ist sehr komplex. In dieser Zeit stellen sich physische, geistige und seelische Prozesse um. Es ist sozusagen die Geburt der freien Seele.

Während dieser Jahre befinden sich alle Betroffenen in einem Ausnahmezustand. Die Reaktionen der Kinder sind nicht immer gesellschaftskonform. Die Kinder agieren oft kopflos, weil die Moral auch noch nicht die ist, die sie mal werden will. Sie fühlen sich nackt und erkennen auf einmal, dass die Welt nicht nur schön sein kann. Auf einmal gibt es Lügen und Bosheit, es gibt Verlockungen und Verbote. Mit all dem und noch viel mehr müssen Sie erst einmal klarkommen.

Vertrauen ist die größte Kraft, die Sie Ihrem Kind mitgeben können. Vertrauen darauf, dass Sie immer da sein werden und darauf vertrauen, dass alles gut werden wird, auch wenn die Kontrolle einmal verloren geht. Vertrauen wird zum Schutzengel Ihres Kindes. Es muss lernen, sich selbst zu vertrauen, seiner Kraft und seinen Fähigkeiten. Es braucht ein Gegenüber, mit dem es sich auseinandersetzen kann, jemanden, der standhaft bleibt.

Wir als Eltern werden zur Projektionsfläche für alles, wovon sich unsere Kinder trennen müssen, um sich selbst finden zu können. Deshalb ist es wichtig, dass wir unsere Meinung vertreten, eine klare Haltung zeigen, unsere Ansichten offensiv vertreten, klar Stellung beziehen und Grenzen setzen. Wir müssen aber auch Interesse zeigen und zuhören und, wenn wir dürfen, unsere Kinder in den Arm nehmen. Unsere Kinder brauchen jetzt starke Erwachsene, denn Weicheier sind Unsicherheitskandidaten und unsicher sind unsere Kinder selbst schon genug. Wir Erwachsenen werden zu authentischen Beispielen, weil wir standhalten und Halt geben.

Jugendliche wollen Verantwortung übernehmen und sich in die Gesellschaft einbringen, sie wollen ernst genommen werden. Sie brauchen jetzt richtige Aufgaben, nicht bloß Übungen, die pädagogisch aufbereitet sind. Sie wollen sich beweisen können und sich auch einmal die Finger verbrennen.

Ich versuche, ein wenig Logik in dieses Chaos zu bringen, indem ich einmal schaue, was genau mit dem Kopf und dem Körper während dieser Phase passiert. Und obwohl es zwischen Mädchen und Jungen einige Gemeinsamkeiten in der Pubertät gibt, gehe ich noch einmal gesondert auf beide ein.

Ich wünsche Ihnen spannende Unterhaltung.

Das Pubertier

JAN WEILER

Das Pubertier entstand eher zufällig. Nein, nicht der Film, der war geplant. Er basiert aber auf einer Kolumne von Jan Weiler, die als Überbrückung bis zum nächsten Buch erschien. Jan Weiler ist Autor, Kolumnist und einiges mehr. Er wurde 1967 in Düsseldorf geboren und schrieb schon während seiner Schulzeit als freier Mitarbeiter für den Lokalteil der Zeitung in Meerbusch. Nach der Schule arbeitete er bei vielen bekannten Firmen als Werbetexter und wurde 1993 an der Journalistenschule aufgenommen. Nach Beendigung dieser Ausbildung ging er 1995 als Redakteur zum SZ-Magazin.

Drei Jahre später gründete er mit anderen eine eigene Agentur und schrieb für diverse Verlage. Parallel dazu schrieb er bereits Kolumnen für Die Woche, Cosmopolitan und die Süddeutsche Zeitung. 2000 ging Jan Weiler in die Chefredaktion des SZ-Magazins und gab damit seinen Vertrag in der eigenen Agentur auf. Drei Jahre später erschien sein erster Roman. Seit 2005 ist er als freier Schriftsteller und Dozent tätig.

Das Pubertier kam 2014 als Buch auf den Markt und stand etliche Wochen auf der Bestsellerliste vom Spiegel. Daraus entstand zunächst das Bühnenprogramm “Mein Leben mit dem Pubertier und andere Geschichten”. Drei Jahre später erschien bereits der dritte Band “Und ewig schläft das Pubertier”. Im gleichen Jahr kam dann auch der Film “Das Pubertier” in die Kinos, gefolgt von der Familienserie im ZDF.

Um noch einmal auf den Anfang des Textes zurückzukommen, kam die Idee zum Pubertier tatsächlich von einer fleißigen Leserin seiner

Texte. Sie erweckte sozusagen die Idee zum Thema. Herr Weiler war mit seinem Roman, der eigentlich schon 2012 erscheinen sollte, im Verzug. Also wurde entschieden, dass der Roman ganz in Ruhe fertig geschrieben wird und die Zeit mit einem kleinen Leseband über Geschichten eines Pubertiers überbrückt werden soll.

DAS BUCH – DER FILM

Egal, ob Buch oder Film, der Tenor ist immer der Gleiche. Im Vordergrund steht eine Tochter, die sich von einem kleinen charmanten Ding in ein grässliches, unausstehliches Pubertier verwandelt. Es geht um Rückblicke, wie es früher war, als die Kleine noch an den Osterhasen und den Weihnachtsmann glaubte. Es geht um die Warum-Phase (Warum soll ich mein Zimmer aufräumen? Warum soll ich Vokabeln lernen? Warum immer ich?) und darum, weshalb wir auf einmal wie die eigenen Eltern reagieren. Der Vater wird vom Berater zum uncoolen Menschen und durch diverse Jungs ersetzt. Die Tochter wird auf einmal zur Vegetarierin und nervt mit Halbwissen. Auch Abgrenzung wird zum Thema.

Der Film ist komplett überspitzt dargestellt. Er zieht sowohl die Teenies als auch die Eltern durch den Kakao. Der Papa, ein Journalist, bleibt zuhause und möchte seine Tochter in dieser schweren Zeit unterstützen. Aber er rennt von einem Fettnäpfchen ins nächste, trägt selbst zu diversen Katastrophen bei, indem er seiner Tochter hinterherschnüffelt. Von seiner Frau wird er nicht wirklich unterstützt, weil sie arbeiten geht. Außerdem lernen wir das befreundete Ehepaar kennen, das selbst einen pubertierenden Jungen Zuhause hat.

Der Vater – ein Fotoreporter, der in Afghanistan war – versucht mit Härte und Konsequenz, den nörgelnden Jungen zur Räson zu bringen, und raucht zur Entspannung auch einmal einen Joint und die Mutter kommt ohne aufhellende Substanzen nicht mehr zurecht. Diese beiden

Paare treffen immer einmal wieder aufeinander und es ist tatsächlich zum Schreien komisch, was sich schlussendlich auf der Geburtstagsfeier zum 14. Geburtstag der Tochter ereignet.

In diesem Film und auch im Buch können wir über die Pubertät lachen und sie macht richtig gute Laune. Das dürfte die größte Abweichung von der Realität sein.

Was passiert in der Pubertät?

Wie sagt man so schön? Pubertät ist das Alter, in dem die Eltern schwierig werden.

In dieser Entwicklungsphase verändern sich neben den Geschlechtsmerkmalen auch die Ansichten, Gefühle und das komplette soziale Umfeld. Das Wort Pubertät selbst ist aus dem Lateinischen „pubertas" abgeleitet und heißt übersetzt Geschlechtsreife.

Man kann die Pubertät grob in drei Phasen untergliedern. Wir starten mit der Vorpubertät gegen Ende der Grundschule. In dieser Zeit kapseln sich die Kinder langsam von den Eltern ab, stellen Regeln und Pflichten in Frage und bemerken auf einmal das andere Geschlecht. In die Hochphase starten wir zwischen 12 und 16 Jahren. Auf einmal werden die Freunde der Ratgeber, Küssen und Sex werden zum Thema und auch der erste Partner. Alles wird auf den Kopf gestellt, Grenzen werden getestet, der eigene Stil neu erfunden und wieder verworfen und die Interessen ändern sich. Danach kommen wir wieder in ruhigeres Fahrwasser. Die sogenannte spätpubertäre Phase versöhnt Eltern und Kinder oft wieder und alle haben sich an die neuen Rollen in der Familie einigermaßen gewöhnt.

In der Pubertät kommen auch die Hormone unserer Kinder in Wallung. Das Wort Hormon kommt übrigens aus dem Griechischen und bedeutet "in Bewegung setzen".

Was passiert mit dem Körper?

Die Körper von Jungs und Mädchen verändern sich im Laufe der Pubertät. Die einzige Gemeinsamkeit von beiden sind die Östrogene und das Testosteron, die beide in sich tragen, nur in unterschiedlichen Mengen. Der Rest unterscheidet sich.

Mädchen

WACHSTUM

Die Hormone geben den Startschuss, noch bevor wir Eltern merken, dass unsere Kleine sich in eine Große verwandelt. Das erste Anzeichen ist ein Wachstumsschub. Die Mädels schießen nicht nur in die Höhe, auch die Proportionen werden weiblich. Blöderweise klappt das nicht bei allen Körperteilen gleichzeitig. Die vermehrte Produktion des Wachstumshormons Somatotropin (STH), ein Insulin-Faktor und die Sexualhormone bringen den Körper zum Wachsen und die Knochen zum Reifen. Die Hüfte wird breiter, unsere Kleine bekommt auf einmal eine Taille und die Fettverteilung ändert sich. Arme, Beine und Bauch werden zukünftig die "Problemzonen" von den Mädels.

In dieser Wachstumszeit fühlen sich die Mädchen oft nicht wohl in ihrer Haut. Meine Mama sagte früher immer zu mir, "Du bist nicht Fisch und nicht Fleisch". Und damit hatte sie Recht. In dieser Zeit ist man kein Kind mehr und noch keine Frau. Der Körper wächst, wann und wo er will, und das, ohne vorher zu fragen, ob man das möchte. Viele junge Damen versuchen, die plötzlichen Fettpölsterchen mit Diäten oder Hungerkuren in den Griff zu bekommen. Das ist aber oft kontraproduktiv. Der Körper ist in der Entwicklung und extreme Eingriffe von außen helfen hier wenig, sie können sogar schaden. Richtig wäre eine ausgewogene Ernährung und auch Sport kann zu einem besseren Körpergefühl beitragen.

HORMONE UND SEXUELLE ENTWICKLUNG

Für die hormonelle Veränderung ist die Produktion von Sexualhormonen zuständig. Die Geschlechtsmerkmale wie Eierstöcke, Gebärmutter und Scheide reifen heran und auch die Brüste wachsen. Während dieser Zeit beginnt auch die Scham- und Achselbehaarung. Leider ist das alles nicht von heute auf morgen abgeschlossen, sondern zieht sich über Jahre. Ein erstes offensichtliches und auch sehr einprägsames Zeichen ist der Beginn der Regelblutung. Zum Leidwesen von jungen Frauen wird aber auch die Haut fettiger und beginnt, Pickel zu bekommen, die sich bis zur Akne ausweiten können. Auch die Schweißdrüsen werden aktiv, sodass sich die Mädels selbst manchmal nicht mehr riechen können. Vermehrtes Duschen und der Einsatz von Deos sind oft die Folge.

DIE BRUST, SCHAM- UND ACHSELHAARE

Wann die Brust anfängt, zu wachsen, und wie lange es dauert, ist völlig unterschiedlich. Auch hierfür sind die Hormone zuständig. Klar ist nur, dass die erste Regelblutung und der Aufbau von Drüsen-, Fett- und Bindegewebe zusammenhängen, denn auch heute ist die Brust der Frau darauf ausgerichtet, ein Baby stillen zu können. Es kann sogar sein, dass sich die rechte Brust schneller entwickelt als die linke Brust. Und auch nach dem Ende des Wachstums sind wir oft nicht einheitlich. Auch die Form der Brüste kann bei jedem Mädchen anders sein, hier entscheidet die Genetik.

Die Schambehaarung kann sich von Frau zu Frau unterscheiden. Die ersten Härchen wachsen auf dem Venushügel an den äußeren Schamlippen und können hell oder dunkel, viel oder wenig sein. Auch die Achselhaare fangen jetzt an, sich zu entwickeln. Medizinisch ist es nicht nötig, die Haare abzurasieren, aber viele Mädels machen es aus ästhetischen Gründen.

Jungen

WACHSTUM

Bei den Jungs sind die körperlichen Veränderungen zum Großteil genetisch bedingt. Wann die Umwandlung beginnt und wie lange sie dauert, ist nicht vorhersehbar. Auch bei Jungs, die älter als 15 sind, kann sich der Körper noch verändern. Und wie bei den Mädchen entwickeln sich auch bei den Jungs nicht alle Proportionen zur gleichen Zeit, sodass das Erscheinungsbild etwas ungewohnt und ungelenk aussehen kann. Keine Sorge, das normalisiert sich mit der Zeit.

Ich kann mich noch an Jungs aus meiner Klasse erinnern, bei denen man das Gefühl hatte, es wachsen nur die Füße. Sie haben gefühlt wöchentlich eine Schuhgröße dazu gewonnen. Irgendwann sah das recht witzig aus, aber dann schossen sie doch in die Höhe und die Proportionen waren wieder einigermaßen angeglichen. Wie bei den Mädchen sind bei den Jungs das Wachstumshormon Somatotropin (STH), ein Insulin-Faktor und die Sexualhormone für die Veränderungen zuständig. Die Körperform ändert sich, so werden die Schultern breiter im Vergleich zur Hüfte. Die Jungs legen mehr an Muskelmasse zu als Mädchen und haben auch oft mehr Kraft. Bei ihnen geht der Fettanteil in Armen und Beinen zurück, stattdessen bauen sich die Muskeln auf.

So wie die Mädels in dieser Zeit Diäten ausprobieren, kann es bei Jungs vorkommen, dass sie zu Präparaten zum Muskelaufbau greifen. Oft geht es ihnen nicht schnell genug und so ist nicht nur der ständige Besuch im Fitnessstudio neu, sondern manchmal auch der Griff zu Dopingmitteln. Aber auch hier gilt: Bevor eine Schädigung des Körpers auftritt, lieber auf ausgewogene Ernährung und sportliche Betätigung setzen.

HORMONE UND SEXUELLE ENTWICKLUNG

Für die sexuelle Entwicklung sind natürlich bei den Jungs die Sexualhormone zuständig. Sowohl die Androgene als auch die Östrogene werden hier aktiv. Das Androgen Testosteron wird in den Hoden gebildet und führt zu Muskel- und Körperwachstum und dazu, das aus Jungs Männer werden. Die Gesichtsbehaarung nimmt zu und der Penis verändert sich. Auch die Jungs werden nicht von fettiger Haut verschont, sodass jetzt damit zu rechnen ist, dass die männlichen Teenies das Bad über Stunden blockieren können. Die Entwicklung zieht sich über Jahre und ist mal stärker und mal schwächer ausgeprägt.

DIE HODEN, DER PENIS, SCHAM- UND ACHSELHAARE

Im Laufe der Pubertät wachsen Penis und Hoden, der Hodensack verändert sein Aussehen und die Farbe (wird zum Beispiel dunkler). Es kann sein, dass ein Hoden tiefer hängt als der andere. Auch das Aussehen und die Schnelligkeit der Entwicklung sind sehr unterschiedlich.

Die ersten Haare am Penisansatz beginnen, zu sprießen. Natürlich gibt es auch hier Unterschiede zu anderen jungen Männern. Der eine hat starken Haarwuchs, der andere weniger, bei dem einen werden die Haare dunkler, beim nächsten bleiben sie hell. Manch einer entwickelt Brusthaare, der andere wieder nicht und auch auf dem Rücken können Haare wachsen. Wie auch bei den Mädchen entwickeln sich die Achselhaare. Grundsätzlich ist es medizinisch nicht nötig, die Körperbehaarung zu rasieren, es schadet aber auch nicht. Und natürlich beginnt bei den Jungs der Bartwuchs.

DER ERSTE SAMENERGUSS

So wie ein Mädchen mit der ersten Regelblutung ein Kind empfangen kann, so kann der Junge mit dem ersten Samenerguss ein Kind zeugen. Spätestens ab diesem Zeitpunkt wird das Thema Verhütung wichtig. Auch spontane Erektionen können jetzt auftreten, was für Jungs oft sehr unangenehm ist.

DER STIMMBRUCH

Durch die Hormone kommt es bei den Jungs zu einer Vergrößerung des Kehlkopfes. So lange der "Umbau" nicht abgeschlossen ist, kann die Stimme schwanken. Mal klingt es wie ein Krächzen, mal sind die Jungs heiser. Am Ende haben die jungen Männer oft eine tiefere Stimme als die Damen.

DIE KÖRPERHYGIENE

Wie weiter oben schon angesprochen, entwickeln sich während der Pubertät auch die Schweißdrüsen, weshalb die Körperhygiene sehr wichtig wird. Auch der Penis und der Hodensack sollten täglich mit viel Wasser, aber wenig Seife gewaschen werden. Dafür die Vorhaut – falls vorhanden – vorsichtig zurückziehen und die Eichel reinigen. Die gelbliche Substanz, die sich zwischen Eichel und Vorhaut ansammelt, sind abgestoßene Hautzellen, Urin- und Spermareste. Sie riecht nicht nur unangenehm, sondern kann auch zu Entzündungen führen.

Verhütung

Das Thema Verhütung setze ich bewusst schon an diese Stelle und behandele es nicht erst, wenn Ihr Kind mit dem ersten Schwarm konfrontiert wird. Wenn Ihr Kind geschlechtsreif wird, ist es langsam an der Zeit, an das Thema heranzugehen. Geben Sie Ihrem Kind in einer ruhigen Minute zu verstehen, was mit seinem Körper passiert und dass es jetzt langsam zum Erwachsenen wird. Dazu gehört auch, dass Mädchen mit der ersten Periode schwanger werden können und Jungs mit dem ersten Samenerguss ein Kind zeugen können. Versuchen Sie bitte nicht, krampfhaft ein Gespräch zu führen. Denken Sie daran, dass es in der Schule eine gewisse Aufklärung gibt und sich die Kids untereinander unterhalten. Und auch im Internet gibt es viel Rat und Hilfe. Ihr Kind dürfte also nicht komplett unbedarft sein.

Erwarten Sie also nicht, dass Ihr Kind zu Ihnen kommen wird, aber seien Sie auch nicht überrascht, wenn einmal Fragen auftauchen. Kommt das Thema auf, bleiben Sie offen und zeigen Sie Verständnis. Oft ist es tatsächlich so, dass es zum Thema wird, wenn im Unterricht die Sprache darauf kommt. Mädchen fragen sich dann oft, ob sie jetzt die Pille nehmen müssen, weil sie ihre Regel haben. Erklären Sie Ihrer Maus, dass die Pille Hormone beinhaltet, die den Zyklus steuern und die Befruchtung unterbinden. Sie können ihr auch andere Verhütungsmethoden als Beispiel erklären und ihr vorschlagen, sie zum Frauenarzt zu begleiten, wann immer sie das möchte.

Es kann allerdings sein, dass Ihre Tochter lieber mit ihrer besten Freundin hingehen möchte. Auch über Sexualkrankheiten sollten Sie sprechen, denn Verhütung ist ja nicht alles. Wenn sich Ihr Kind langsam zum Pubertier entwickelt, sollten Sie sich ein paar Gedanken machen, was Sie zum Thema Verhütung und Vorsicht zu sagen haben, damit Sie dann nicht auf dem kalten Fuß erwischt werden und anfangen, herum zu stottern. Überlegen Sie einmal, was Sie selbst damals gerne gehört hätten, als es so weit war. Ihr Kind sollte wissen, dass es nicht peinlich ist, über Sex und Verhütung zu sprechen, und es muss Sie als souveräne Persönlichkeit bei dem Thema wahrnehmen. Versuchen Sie, locker und natürlich zu bleiben, und nennen Sie die Dinge beim Namen, wir reden jetzt nicht mehr von Bienchen und Blümchen.

Versuchen Sie, Ihrem Kind klar zu machen, dass es nur, wenn es auch bereit ist, mit einem Partner schlafen muss. Erklären Sie ihm, dass beim ersten Mal nicht alles perfekt funktioniert und dass das auch nicht schlimm ist. Das Wichtigste ist, dass sich beide zusammen wohlfühlen und ohne Verhütungsmittel kein Sex stattfinden sollte.

Psychische Veränderungen und Probleme

Sehr viel früher schob man die Probleme während der Pubertät allein auf die Hormonumstellung. Danach war man irgendwann der Annahme, dass das Volumen unseres Gehirns bis zur Pubertät ansteigt und danach langsam, aber stetig fällt.

Heute weiß man es besser. Scheinbar hängt die Reifung des Gehirns davon ab, was wann im Leben gebraucht wird. Die Hirnareale, die für die simplen Aufgaben zuständig sind, werden als Erstes ausgebaut. Die Areale für die komplexen Funktionen (z. B. der präfrontale Cortex) entwickeln sich langsamer und länger.

Nicht umsonst findet man diverse Beiträge in Ratgebern, die berichten, dass das Gehirn von unseren Heranwachsenden einer großen Baustelle gleicht. Bis zur Pubertät werden Signale weiterverarbeitet und neue Verbindungen erschaffen, wenn man sie braucht. Und plötzlich nehmen die Verbindungen ungefragt rasant zu, nur um sich kurz danach wieder zurückzubilden, wenn sie nicht gebraucht werden. Es ist wie beim großen Aufräumen: Zuerst herrscht immer erst einmal Chaos, das sich nach und nach löst, und am Ende ist alles an seinem Platz.

Aber das dauert eben seine Zeit und das Schlimmste ist, es passiert nicht überall gleichzeitig. Vereinfacht gesagt verändert sich das Gehirn in dieser Zeit von hinten nach vorn, also vom Kleinhirn zum Stirnlappen. Im Stirnlappen finden wir die Areale, die für Planung, Risikoabschätzung und Bewertung zuständig sind. Diese Stellen benötigen also am längsten, um sich umzubauen. Weil unsere Teenies also während dieser Zeit nicht auf die dafür zuständigen Areale im Gehirn zurückgreifen können, nutzen sie die Amygdala, die eigentlich Gefühle verarbeitet und steuert.

Das ist einer der Gründe, warum unsere Kids in dieser Zeit so wenig vernunftgesteuert reagieren. Was dagegen richtig gut funktioniert, ist das System der Botenstoffe für Belohnungen (Dopamin), denn die tieferliegenden Hirnregionen (wie der Mandelkern und das Belohnungssystem) reifen schon zu Beginn der Pubertät. Aus diesem Grund suchen unsere Kinder immer wieder größere Kicks und Herausforderungen und sehen die Gefahr nicht. Da die Areale für die Regulierung noch nicht so weit entwickelt sind, fahren auch die Emotionen hoch, können aber noch nicht wirklich abgepuffert werden.

Auch der Schlafrhythmus verändert sich. Schuld daran ist die verspätete Ausschüttung des Schlafhormons Melatonin. Es wird jetzt bis zu 2 Stunden später ausgeschieden als früher. Deshalb bekommen wir unsere kleinen Großen abends nicht ins Bett und am Morgen noch schwerer wieder heraus.

Selbst das Sehsystem und die für Assoziationen zuständigen Areale verändern sich. Forscher haben Kindern und auch Teenagern in der Pubertät Bilder von Gesichtern gezeigt, die mal eine wütende Person, eine lachende oder auch einen traurigen Menschen zeigten. Vor der Pubertät konnten die Kids gut einschätzen, was sie sehen. Die Teenager hingegen hatten da so ihre Probleme und konnten das ursprünglich Gelernte nicht mehr umsetzen. Das könnte auch erklären, warum manche Teenies einen gut gemeinten Rat mit freundlichem Gesicht als Angriff auf die eigene Person werten.

Ziel dieses umfangreichen Umbaus ist es, dass unsere Teenies zum ersten Mal bewusst darauf Einfluss nehmen, wie sich ihr Gehirn entwickelt. Sie interessieren sich für verschiedene Dinge, die dann im Gehirn angelegt und verbessert werden, je mehr sie genutzt werden. Andere Verbindungen hingegen werden stillgelegt, weil sie nicht mehr benötigt werden. Ausgebaut werden unter anderem auch die Planungsfähigkeit, abstraktes Denken und die Impuls- und Emotionskontrolle. Der komplette Umbau ist mit ca. 21-22 Jahren abgeschlossen.

Unterschied zwischen Mädchen und Jungen

Alles, was ich oben beschrieben habe, betrifft alle Heranwachsenden. Es gibt allerdings einen kleinen, aber feinen Unterschied zwischen den Geschlechtern.

Bei den Mädchen wird durch die Östrogene der Hippocampus größer.

Der Hippocampus ist quasi die Schnittstelle zwischen dem Kurz- und dem Langzeitgedächtnis. Je nach Bedeutung werden Inhalte aus dem Kurzzeitgedächtnis ins Langzeitgedächtnis überführt und da so gespeichert, dass sie bei Bedarf wieder abgerufen werden können. Als zentraler Teil des limbischen Systems steuert er auch Emotionen wie Wut, Angst und Freude, aber auch das Sexualverhalten und andere vegetative Funktionen. In Verbindungen mit anderen Hirnregionen können der Hippocampus und der Mandelkern (Amygdala) Signale emotional bewerten.

Bei den Jungs sorgt das Testosteron für ein Wachstum der Amygdala.

Eine wesentliche Funktion der Amygdala ist die Bewertung von Gedächtnisfunktionen wie Erinnerungen mit emotionalem Inhalt. Eine wichtige Rolle spielt sie auch bei der Entstehung von Angst. Kommen wir in eine Situation, die aus der Erfahrung heraus gefährlich oder bedrohlich ist, schüttet der Körper vermehrt Botenstoffe wie Dopamin und Serotonin, aber auch Stresshormone wie Adrenalin aus. Das sagt dem Körper, dass es gefährlich wird. Dieses Körperverhalten wird dann durch die Amygdala mit den Erinnerungen verglichen und wenn der Abgleich Gefahr signalisiert, dann entsteht Angst und der Körper reagiert mit vermehrter Vorsicht und ggf. mit Fluchtreaktionen.

Aber auch andere Emotionen wie Wut, Freude und der Sexualtrieb sind hier festgelegt.

Aktuell gehen Forscher davon aus, dass Jungs deshalb vielleicht weniger für Depressionen und Ängste anfällig sind als Mädchen, dafür aber vermehrt für Drogen und Suchterkrankungen. Hier ist die Forschung allerdings noch nicht abgeschlossen.

Die Jahre im Chaos

Im Mittelalter gab es keine Jugendzeit, wie wir sie heute verstehen. Da ging die Kindheit direkt ins Erwachsenenleben über. Heute wissen schon Kinder in der Grundschule, dass es die Pubertät gibt. Eltern von "Betroffenen" nicken sich mitleidsvoll zu: "Mein Kind ist in der Pubertät". Fasst man sein Kind nun mit Samthandschuhen an oder lieber mit starker Hand und wann ist was gerade das Richtige? Natürlich waren auch wir selbst in der Pubertät und können uns sicher noch an das eine oder andere Gefühl erinnern. Unsere Kinder wachsen heute allerdings wieder anders auf als unsere Eltern oder wir damals.

Sie leben im digitalen Zeitalter, chatten, folgen Youtubern und liken Beiträge auf Facebook. Was geblieben ist, ist, dass sie sich neu erfinden, sich ausprobieren sowie lieben und hassen lernen, und das alles ist manchmal herrlich, manchmal traurig, aber meist sehr turbulent.

Respekt

Wenn ich darüber nachdenke, wie sich unsere Jugendlichen heute im öffentlichen Leben benehmen und wie die ältere Generation darauf reagiert, muss ich immer wieder schmunzeln. Ich kann mich erinnern, auch einmal so ein Jugendlicher gewesen zu sein und auch über uns haben sich die älteren Semester damals aufgeregt. Scheinbar gibt es Dinge, die sich über Generationen hinweg immer wiederholen. In den Zeiten unserer Großeltern sollten die Kinder ihre Eltern ehren, ohne nachzufragen. Was auch immer die Eltern taten, man forderte bedingungslosen Gehorsam. Zum Glück ist weder das noch die Prügelstrafe heute noch ein gängiges Mittel der Erziehung.

Wie kommt dieser Gegenwind der Älteren bei unseren Jugendlichen an? Die Teenies von heute glauben, dass Erwachsene keinen Respekt vor Jugendlichen haben und dass sie glauben, dass sie ständig nur Mist bauen würden. Das kommt so ungefähr mit meinen Erinnerungen an meine eigene Jugend zusammen. Hatten wir nicht auch einmal das Gefühl, immer nur anzuecken und verkannt zu werden? Und genau diese Sichtweise kann uns heute helfen, unsere Kinder zu verstehen. Einmal den Blickwinkel wechseln und daran denken, wie unsere Worte gerade bei unserem Kind ankommen. Behandeln wir unseren kleinen großen Teenager gerade respektvoll oder ziehen wir vielleicht Dinge ins Lächerliche? Wir müssen unseren Kindern mit Wertschätzung und Respekt gegenübertreten und sie auf dem Weg in ein eigenes Leben damit begleiten. Ein Beispiel:

Es ist Zeit zum Schlafengehen und die Tochter telefoniert. Ihre Mutter findet, es wäre jetzt Zeit, ins Bett zu gehen: “Schatz, würdest du bitte auflegen?”. Es folgt keine Reaktion. “Schatz, leg jetzt bitte auf und geh ins Bett.”. “Ja, gleich”, kommt die mürrische Antwort. Fünf Minuten später hat sich immer noch nichts geändert und die Mutter ist auch langsam genervt: "Kind, leg jetzt bitte auf", und da explodiert ihr Töchterchen – "Jetzt halt doch mal den Rand, du alte Schlampe". Und damit steckt sie auch die Zündschnur von Mama in Brand: "Was glaubst du, wer du bist? Du hast ab sofort Telefonverbot."

So oder so ähnlich können solche kleinen, simplen Situationen eskalieren, inklusive Türenknallen und gegenseitigen Verletzungen. Aber warum kocht diese Alltagssituation so extrem hoch? Die Tochter telefoniert und fühlt sich von ihrer Mutter gestört und bevormundet. Also wehrt sie sich, indem sie persönlich wird. Das wiederum empfindet die Mutter als Angriff und schießt mit Kränkungen und Verboten zurück. Am Ende des Abends haben wir zwei genervte Mädels, die ohne Umarmung ins Bett gehen werden.

Eine andere mögliche Reaktion der Mutter könnte sein, dass sie gar nicht reagiert und sich ohne ein Wort gekränkt zurückzieht. Schlussendlich kommen wir dann zwar ohne lautstarkes Wortgefecht aus, aber Ärger und Hilflosigkeit sind auch hier dabei.

WAS IST RESPEKT?

Schlägt man heute die Definition von Respekt nach, bekommt man zwei Antworten. Zum einen bedeutet es Wertschätzung, Hochachtung und Anerkennung. Auf der anderen Seite kann es aber auch Scheu und Ehrfurcht bedeuten, wenn wir zum Beispiel an den kirchlichen Glauben denken.

Auch heute noch glauben manche Eltern, dass ihre Kinder vor Ihnen "Ehr-FURCHT" haben müssen. Sie erzählen anderen ganz stolz, "Vor mir hat er aber Respekt", aber schlussendlich sind die Kids nur so eingeschüchtert, dass sie sich gar nicht trauen, Widerworte zu geben oder etwas anderes zu machen, als verlangt wurde. Das funktioniert, so lange die Kinder klein sind. Aber glauben Sie mir, es wird eskalieren. Diese Eltern werden ihr blaues Wunder erleben, denn die lieben Kleinen werden richtig rebellieren. Dieses Beispiel zeigt in meinen Augen also keinen wirklichen Respekt, sondern nur Einschüchterung.

Wenn ich von Respekt rede, dann meine ich die Wertschätzung eines anderen Menschen, die Achtung vor seinem Handeln oder seiner Meinung. Wir sind alle unterschiedlich und das ist auch gut so. Auch mein Kind wird nicht wie ich werden, es ist ein eigenständiger Mensch mit einem eigenen Blick auf die Welt, mit einer eigenen Meinung und eigenen Gefühlen. Es wird Dinge anders angehen, es wird möglicherweise in der Schule andere Lieblingsfächer haben und sich Freunde aussuchen, die mir auf den ersten Blick vielleicht nicht gefallen.

Unsere Kinder sind keine jüngeren Ausgaben von uns selbst! Wahrscheinlich wird unsere Tochter uns nicht den Gefallen tun, die Ballettkarriere, die uns selbst verwehrt blieb, zu starten, und unser Sohn wird vielleicht nicht der weltbekannte Fußballspieler, obwohl Papa damals selbst in der Bezirksliga gespielt hat. Was passiert, wenn das Töchterchen lieber an Autos schraubt und der junge heranwachsende Mann seine Liebe fürs Zeichnen entdeckt?

Wir müssen unsere Kinder so nehmen, wie sie sind. Sobald unsere Heranwachsenden das Gefühl bekommen, sie sind nicht genug oder nicht "richtig", wird es zu Problemen kommen. Wie soll ein Kind Selbstvertrauen aufbauen, wenn es zuhause immer hört, dass es besser in der Schule sein soll – oder sportlicher oder schlanker oder was auch immer? Damit werden die Eigenschaften unseres Kindes schlecht gemacht und es muss irgendwann unweigerlich das Gefühl bekommen, dass "mit mir was nicht stimmt". Auch an dieser Stelle sollten wir uns als Eltern einmal daran erinnern, was so ein Gefühl mit uns selbst gemacht hat. Wir alle haben schon einmal im Leben Ablehnung erfahren. Das verunsichert und macht traurig und ist ganz furchtbar. Nun fangen die wenigsten Kinder an, zu weinen, wenn sie ins Teenageralter kommen. Sie ziehen sich in sich zurück oder reagieren aggressiv.

Kinder sind vom ersten Atemzug an eigenständige Wesen und sie verdienen unseren Respekt.

RESPEKTLOS KANN VIELES SEIN

Jeder von uns ist bestimmt ab und an einmal respektlos. Manche Dinge haben sich irgendwann so eingeschliffen und wir tun sie ganz unbewusst. Dennoch vergiften sie die Luft. Zwei Beispiele:

Die Mama von der oben beschriebenen Tochter hat ihre Freundinnen eingeladen und das Gespräch dreht sich um ihre Kinder. Als die Tochter in die Küche geht, hört sie die Stimme ihrer Mutter aus dem Wohnzimmer: "Meine Tochter ist voll in der Pubertät, jedes Mal führt sie 'nen Tanz auf, wenn es nicht nach ihrer Nase geht". Wie fühlt sich diese Tochter jetzt?

Der Sohnemann hat seinen Ranzen ins Wohnzimmer gelegt. Als sein Vater nach Hause kommt, stolpert er darüber: "Verdammt nochmal, du bist echt nervig, kannst du den Scheiß hier mal wegräumen?".

Kein Wunder, dass manche Teenies meinen, dass ihre Eltern keinen Respekt vor ihnen haben und deshalb zuhause dicke Luft herrscht.

Respektlosigkeit kann sich also überall einschleichen. Das oben erwähnte Verhalten zwischen der Tochter und ihrer Mutter während des Telefonats (alte Schlampe; was glaubst du, wer du bist?) und der "Scheiß" von dem Vater des Sohnes sind grobe Beleidigungen. Würden wir so mit einem gleichaltrigen Menschen reden oder mit unseren Arbeitskollegen? Wohl kaum.

Es gibt aber auch noch die subtileren Arten, jemanden zu beleidigen, zum Beispiel, indem man jemandes Kleidung oder seine Freunde herunter macht oder sich über die Lieblingsmusik oder das Verhalten lustig macht. Manchmal ist es aber auch nur eine abfällige Geste oder der missbilligende Ton, der den anderen verletzen kann.

Ein Problem ist, dass wir alle im Fernsehen mit genau dieser Form von Abwertung konfrontiert werden. Ich denke da an Dieter Bohlen in seinen Shows und wie er die Kandidaten "runterputzt" oder an so manchen Comedian, der Witze auf Kosten anderer macht und damit ein Millionenpublikum begeistert. Lehrer mobben und Schüler dissen nicht nur verbal, sondern auch im Netz. Große Mädels halten auf dem Schulhof einen Jungen aus einer unteren Klasse fest und ziehen ihm die Hose herunter. Sie lachen sich darüber kaputt und lassen den Kleinen weinend stehen. Andere Kinder ärgern sich über eine schlechte Note, basteln virtuell den Kopf des verhassten Lehrers auf den Körper eines Affen und stellen das Ergebnis online, natürlich nicht, ohne vorher einen Link an alle zu schicken.

RESPEKT FUNKTIONIERT GEGENSEITIG

Unsere Kinder vertrauen sich uns nur dann an, wenn wir sie mit Respekt behandeln, sie nicht auslachen und uns nicht abfällig äußern. Wir als Eltern müssen den Respekt vorleben, indem wir uns und andere wertschätzen. Wenn Sohnemann zu Papa kommt und sagt, „Ich werde die Mama mal fragen", ist es wenig hilfreich, wenn der Papa dann sagt: "Brauchst du nicht, dafür ist die zu blöd". Unsere Kids nehmen ja an unserem Leben teil. Ihnen fällt auf, ob wir ständig andere Autofahrer beschimpfen oder hinter dem Rücken von Freunden über sie lästern.

Egal, in welchem Alter, Kinder registrieren ganz genau, wie wir Eltern uns verhalten. Wir sind der wichtigste Ratgeber, auch und besonders in der Pubertät. Das werden unsere Kinder in dem Moment natürlich nicht zugeben und genau deshalb ist es umso wichtiger. Nehmen Sie die Probleme Ihrer Kinder ernst, geben Sie ihren Freunden eine Chance, ohne sie vorher abzukanzeln, und lachen Sie nicht über die erste Verliebtheit. Dann wird Ihr Kind auch zu Ihnen kommen und sich ernst genommen fühlen. Und nicht nur der Ton macht die Musik, auch die Wortwahl. Es ist ein großer Unterschied, ob Sie zu Ihrem Kind sagen, "Du bist zu blöd", oder, "Was du da machst, finde ich blöd". In der ersten Variante ist die ganze Person betroffen (hier wird die Persönlichkeit angegriffen), in der zweiten geht es um ein Verhalten.

Das heißt allerdings nicht, dass Eltern sich vor lauter respektvollem Verhalten alles gefallen lassen sollen. Ausflippen darf jeder. Auch wenn es einmal laut wird, ist das völlig ok. Das lässt sich nicht komplett verhindern. Wenn Sie Ihrem Kind entgegen brüllen, "Dein Verhalten macht mich echt wütend", ist das nicht respektlos. Es zeigt aber klar, dass die Eltern "die Schlampe" oder "das dumme Schwein" nicht überhören und dass dies natürlich ankommt. Eltern müssen klar machen, "Stopp, so reden wir nicht miteinander". Sollte Ihnen im Affekt doch einmal etwas herausrutschen, was nicht fair war, gibt es nur eins – sich entschuldigen.

WOHER KOMMT RESPEKTLOSES VERHALTEN?

Dass wir als Eltern die Vorbilder zum respektvollen Verhalten sind, haben wir geklärt. Ich kann mich allerdings noch gut daran erinnern, wie ich manchmal innerlich die Augen verdreht habe, als ich mein Kind in Aktion mit ihren Freunden erleben durfte. Da waren Beleidigungen, das Treten gegen Rucksäcke und Anrempeln völlig normal. Oft war es lustig gemeint, aber von Respekt brauchen wir an dieser Stelle nicht mehr reden. In diesen Momenten relativierte sich für mich sehr viel.

Denn zuhause war mein Kind dann doch bedeutend weniger respektlos. Aber einmal ehrlich, wenn unsere Kinder in ihrem Umfeld so einen Umgang wahrnehmen, dann ist ihr Verhalten auch nicht ganz verwunderlich. Denken wir einmal an die genervten Blicke der Kassiererin im Supermarkt, wenn eine Horde Teenies in der Hofpause hereinstürmt, oder an abschätzige Worte von Lehrern. Unsere Kinder sind von sehr viel Respektlosigkeit umgeben. Wichtig ist, dass uns klar ist, dass wir Eltern die erste Instanz sind, an der sich unsere Kinder orientieren – auch wenn es nicht immer so aussieht. Bis zur Pubertät haben sich unsere Kinder alles Mögliche unseres Verhaltens abgeguckt und nachgeahmt.

Sie beobachten uns ja schon seit Jahren. Während der Pubertät kommt dann ein Bewusstsein hinzu, das alles kritisch beäugt. Wurde vorher alles als gegeben hingenommen, so wird jetzt alles hinterfragt, auf den Prüfstand gestellt und zum Schluss natürlich diskutiert. Jetzt müssen Sie offen bleiben für solche Diskussionen. Oft kann das ein abendfüllendes Programm werden. Hier müssen Sie durchhalten. Nehmen Sie sich die Zeit, zu erklären, warum eine bestimmte Person besonderen Respekt verdient oder wie Sie anderen zeigen, dass Sie sie respektieren. Aber geben Sie auch konkrete Hinweise, wie sich Ihr Kind verhalten könnte. In dieser Zeit lernen unsere Kinder, sich in andere Menschen hineinzuversetzen und so zu verstehen, was ihnen emotional wehtun kann.

Oft zeigen sich Kinder respektlos, wenn sich ihre Eltern nicht wirklich für sie interessieren (wenn die Kinder eine Gleichgültigkeit wahrnehmen). Auch Inkonsequenz kann dazu führen, dass das Kind der Willkür anderer ausgeliefert ist und nie weiß, wann welche Konsequenz zu erwarten ist. Sind Eltern nur daran interessiert, wie gut (fachlich, intellektuell) ihr Kind ist, kommen die emotionalen Bedürfnisse zu kurz. Und auch ein Überbehüten ist nicht der optimale Weg, da hier die Eigenständigkeit des Kindes unterbunden wird. All das kann zur Rebellion führen.

Sprache

Die Sprache unserer Kinder ändert sich genauso wie ihr Verhalten. Auch das ist Teil der Abspaltung. Die Erwachsenen sollen das gar nicht verstehen, sie sollen außen vor bleiben. Auch wir hatten früher unsere eigene Sprache.

Die Langenscheidts sind einmal wieder total stabil unterwegs und liefern uns jedes Jahr ein neues Jugendwort des Jahres. Das machen sie bereits seit 2008. Hier ein kurzer Überblick der ersten Plätze:

2008 Gammelfleischparty (Ü 30 Party),
2009 hartzen (arbeitslos sein, rumhängen),
2010 Niveaulimbo (ständiges Absinken des Niveaus),
2011 swag (lässig, coole Ausstrahlung),
2012 YOLO (you only live once - nutze deine Chance),
2013 Babo (Boss, Anführer),
2014 Läuft bei dir,
2015 Smombie (Kombination aus Smartphone und Zombie für Leute, die vor lauter Handywahn ihre Umwelt nicht mehr wahrnehmen),
2016 fly sein (besonders abgehen),
2017 I bims (ich bins) und
2018 Ehrenmann / Ehrenfrau (besonderer Mensch)

„Ey Alder", „chill mal", „das ist voll verbuggt" und „lindnern" sind nur ein paar Beispiele der letzten Jahre. Versuchen Sie um Gottes willen nicht, sich auf diese Sprache einzulassen, geschweige denn, sie selbst zu sprechen. Irgendwie muss sich Ihr Kind ja in der heutigen Zeit noch abgrenzen, in der manche Eltern einfach cool sind und genauso hippe Klamotten tragen wie die jungen Leute. Davon abgesehen wirkt es sicher eher uncool als authentisch. Ähnlich wie mit einem Dialekt, den man versucht, nachzumachen, wirkt es dann doch einfach nur noch peinlich. Wir Erwachsenen haben davon Kapla (keinen Plan), und das ist gut so.

Denken wir einmal ein paar Jahre zurück. Wissen Sie noch, was eine Anodenwumme ist? So nannte man in den 50er Jahren das Kofferradio. Oder erinnern Sie sich noch an die Ische? Die feste Freundin kam schon in den 70er Jahren heraus. Wenn früher das Fahrgestell und der Berliner bei einer Drüsenschau für prima auserkoren wurden, dann waren Sie als Flamme oder steiler Zahn geeignet (wenn die Beine und der Busen stimmten, kamen die Damen in die engere Wahl). Das würden nun wieder unsere Kinder nicht verstehen.

Bei uns war noch alles paletti, dufte oder oberaffengeil. Heute sind die Dinge stabil und wenn nicht, dann sind sie wack (schlecht). Sollte Ihr Kind auf eine einfache Frage antworten, „weil Baum", dann ist das die heutige Version von, „darum, weil es so ist". Und sollte Ihr Kind einmal von einem 31er sprechen, dann ist der Verräter gemeint (der Begriff bezieht sich auf den § 31 des Betäubungsmittelgesetzes, der einem Täter Strafminderung zusichert, wenn er andere Straftaten mit seiner Aussage verhindert).

Schule und Motivation

WARUM SCHULE UND PUBERTÄT NICHT ZUSAMMENPASSEN

Im Prinzip leitet sich das bereits aus dem vorher Geschriebenen ab. Die innere Uhr der Jugendlichen stellt sich um. Sie kommen morgens einfach nicht in die Gänge. Aus meiner Erfahrung ist es in der 8. Klasse am schlimmsten. Zu Schulbeginn ist nur die halbe Klasse anwesend, der Rest kommt zu spät. Sind sie dann einmal da, lümmeln sie auf den Tischen herum, kippeln mit den Stühlen und die Schultaschen liegen unausgepackt herum. Lehrer werden in dieser Zeit auf eine harte Probe gestellt, denn auch Strafen kommen irgendwie nicht bei den Kids an. Stattdessen fällt auf, dass die Mädchen auf einmal in den Farbtopf gefallen sind.

Die Fingernägel leuchten in den unterschiedlichsten Neonfarben, die Klamotten sind nicht immer schultauglich und die Antworten sind nicht immer das, was der Lehrer erwartet. Auch die Schultaschen sind mal groß und mal klein, oft ist die halbe Beauty-Kollektion darin und das Schulmaterial hatte keinen Platz mehr. Es ist für alle eine schwierige Zeit. War der Lehrer ein Schuljahr davor noch der Ansprechpartner und eine Vertrauensperson, ist er jetzt auf einmal der uncoole Typ, der nur noch nervt.

Auch die Lehrer müssen damit erst einmal umgehen lernen. Die Kids testen nicht nur zuhause ihre Grenzen aus, auch in der Schule werden sie aufmüpfig. Normalerweise merken sie aber, wenn sie zu weit gehen, denn die Vertrauensbasis aus dem letzten Jahr ist nicht ganz vergessen.

Und die Beziehung der Schüler untereinander verändert sich auch. Wenn auf einmal das andere Geschlecht interessant wird oder einfach nur dumm ist, mischt sich die Klasse neu. Auch heute ist es noch so, dass die Jungs ein bisschen hinter den Mädchen hinterher hängen, was die Klassenkameraden zu Idioten abstempelt, aber die Jungs aus der 9. Klasse interessant macht.

Zu allem Überfluss werden in dieser Zeit auch noch die Nervenverbindungen stillgelegt und neue werden gebildet. Das macht es schwerer, dem Unterricht folgen zu können. Die Denkprozesse werden vielfältiger und schneller, sodass jetzt viel mehr in Frage gestellt wird als noch vor einem Jahr. Der Hirnforscher Gerald Hüther sagt, „Das ist wie ein Rauschen. Das eigene Verhalten lässt sich nicht mehr so gut kontrollieren und damit benimmt man sich kopflos." Wir Großen haben dieses Rauschen in akuten Stressphasen, unsere Kids haben es in der Pubertät ständig. Unsere Kinder können sich einfach kaum konzentrieren, sodass die bisherige Unterrichtsform kaum möglich ist.

Und warum gehen unsere Kinder dennoch in die Schule? Weil eben nur der Schulstoff uninteressant ist. Aber in der Pause könnte man ja seinem Schwarm begegnen oder ihn einfach nur von weitem anschmachten. Oder man erfährt die neuesten Trends auf dem Schulhof. Da in dieser Zeit Gleichaltrige ohnehin die ersten Ansprechpartner sind, wird die Zeit in den Pausen (und manchmal auch im Unterricht) genutzt, um sich auf den neuesten Stand zu bringen. Außerdem sitzen alle im selben Boot und das verbindet.

Es gibt sehr viele Lehrer und andere Aufsichtspersonen, die sich für diese Zeit eher projektbezogene Aufgaben wünschen würden, mehr praktische Arbeit als pure Theorie. Zum Beispiel könnten sie sich vorstellen, in Betrieben eine Art Praktikum zu machen oder Projektwochen einzurichten, in denen kein regulärer Unterricht stattfindet, aber dennoch Projekte zu schulischen Themen aus dem Lehrplan umgesetzt werden.

Normalerweise legt sich das Chaos mit der 9. Klasse wieder und die Jugendlichen kommen ein bisschen sortierter wieder aus den Ferien.

WAS JUGENDLICHE MOTIVIERT

Während der Pubertät kann man damit rechnen, dass die schulischen Leistungen sich verändern. Das ist grundsätzlich erst einmal kein Problem. Ich glaube, viele Kinder sind zeitweilig mal schlechter geworden und haben trotzdem am Ende einen guten Abschluss hinbekommen. Das hilft Ihnen natürlich nicht weiter, wenn Sie gerade mitten drin stecken in dem Drama.

Zum einen müssen Sie erst einmal reflektieren, wie Ihre Erwartungshaltung gegenüber Ihrem Kind ist. Oft haben wir Eltern höhere Ziele vor Augen als unsere Kinder, weil wir schon an später denken und wissen, dass sie mit einem höheren Bildungsabschluss einfach bessere Chancen in der Berufswelt haben. Hinzu kommt noch, dass wir unsere eigenen Wünsche oder Leistungen auf unser Kind übertragen. Ich habe Eltern erlebt, die waren vor Klassenarbeiten aufgeregter als ihre Kinder. Mal ehrlich, was wäre denn so schlimm daran, wenn Ihr Kind einmal mit einer 4 nach Hause kommt?

Davon geht die Welt nicht unter und am Ende müssen unsere Kinder ja auch lernen, einmal etwas nicht hinzubekommen. Aus Fehlern lernt man bekanntlich besser als aus einem ruhig dahinlaufenden Leben. Beobachten Sie einmal Ihr Kind, wenn es eine schlechtere Note als sonst hat. Normalerweise ärgern sich die Kinder selbst schon genug darüber, da müssen wir als Eltern eher für sie da sein und ihnen Mut zusprechen, damit es beim nächsten Mal besser wird. Belehrungen kommen ohnehin nicht an. Besser ist es an dieser Stelle, bei der Vorbereitung auf die nächste Arbeit seine Hilfe anzubieten oder gemeinsam die Arbeit noch einmal durchzugehen, um zu schauen, wo die Probleme lagen.

Wenn Ihr Kind also eine Note nach unten rutscht, ist es nicht dramatisch. Versuchen Sie, mit Ruhe und Gelassenheit zu reagieren und es mehr oder weniger auszusitzen. Wenn Sie jetzt den Handykonsum einschränken, damit Ihr Sprössling mehr lernt, provozieren Sie nur gewaltigen Ärger. Denn wenn wir ehrlich sind, wissen wir, dass auch dann schon aus Prinzip nicht mehr gelernt wird. Am Ende schreibt Ihr Kind aus Trotz noch mehr schlechte Noten, definitiv wird es aber Streit geben und das hilft keinem.

Dennoch müssen Sie Ihr Kind natürlich im Auge behalten. Ein Leistungsabfall kann auch ein Warnsignal sein, wenn etwas "nicht rund läuft". Manche Kinder stürzen in der Pubertät tatsächlich in regelrechte Schulkrisen. Erfolgsverwöhnte Kinder, bei denen bisher immer alles glatt lief, schreiben auf einmal schlechtere Noten. Das kann die Kinder wirklich herunterziehen, weil sie mit solchen Versagensgefühlen bisher nicht konfrontiert wurden.

Auch Mobbing kann ein Thema werden. Unsere Kinder sind mitten in der Selbstfindungsphase und reagieren oft emotional. Wenn Sie dann von einem Mitschüler persönlich angegriffen werden (und wir Eltern wissen ja, dass in dieser Zeit fast alles persönlich genommen wird), fühlen Sie sich ausgegrenzt und nicht mehr zugehörig. Markenkleidung kann auch zum Thema werden, denn die Klamotten haben in dieser Zeit etwas mit der Identitätsfindung zu tun. Es geht also gar nicht allein um die schulischen Leistungen, sondern um das komplette Drumherum. Wir dürfen als Eltern nicht vergessen, dass unsere Kinder einen großen Teil ihrer Zeit in der Schule verbringen.

Was genau können Sie als Eltern jetzt tun, wenn die Schwierigkeiten in der Schule beginnen? Als Erstes müssen Sie sich klar machen, dass die Vertrauensbasis, die Sie über Jahre aufgebaut haben, nicht verloren gegangen ist. Auch wenn Sie täglich Streitereien erleben, weiß Ihr Kind ganz genau, das es Ihnen vertrauen kann, sonst würde sich Ihr Pubertier gar nicht mit Ihnen anlegen. Sie sollten Ihrem Kind immer wieder zeigen, dass Sie es lieben und schätzen, auch, wenn es einmal eine schlechte Note mit nach Hause bringt. Geben Sie ihm die Sicherheit, dass nichts passieren wird und Sie es unterstützen, wann immer es Unterstützung möchte. Sprechen Sie keine Verbote aus, sondern bieten Sie Hilfe an.

Um die gemeinsame Beziehung zu stärken, versuchen Sie, gemeinsame Aktionen zu starten. Gehen Sie einmal zusammen ins Kino oder zum Sport oder kochen Sie gemeinsam. Vor allem sollten Sie Ihrem Kind aber signalisieren, dass Sie immer da sein werden und ein offenes Ohr haben für alle Themen, die Ihr Kind bewegt. Wenn die Beziehungsebene stimmt, ist Ihr Kind auch offener für Kritik. Nutzen Sie Misserfolge als Chance. Erklären Sie Ihrem Kind, dass auch einmal etwas nicht klappen kann und dass auch Sie das schon oft erlebt haben. Machen Sie ihm klar, dass es deswegen kein schlechter Mensch ist.

Ziele setzen ist für jedes Kind ein Thema. Es gibt Schüler, die haben ein Ziel vor Augen, und wenn sie es nicht erreichen, dann ersetzen sie es schnell durch ein neues. So schützen sie eine Weile ihr Selbstvertrauen und sind immer irgendwie in Aufbruchsstimmung, weil sie ja ein Ziel vor Augen haben. Bleiben sie aber allzu oft hinter den eigenen Erwartungen zurück, kann das auch umschlagen. Wenn die eigenen Ziele zu selten erreicht werden, dann setzt sich das Kind lieber gar keine Ziele mehr. Ab diesem Zeitpunkt hat es dann das Gefühl, alle wollen etwas von ihm (Lehrer, Eltern, Großeltern), nur es selbst weiß eigentlich gar nicht mehr, was es will. Es läuft irgendwie ferngesteuert durch seine Schullaufbahn. Auf Dauer hat Ihr Kind dann überhaupt kein Engagement mehr und lernt dann vielleicht mal irgendwie.

Dann braucht Ihr Kind wieder eine Richtung. Diese neue Richtung können Sie gemeinsam suchen. Schauen Sie mit Ihrem Kind gemeinsam, wo es hinwill, und erörtern Sie erreichbare Ziele. Wenn Ihr Sohn kein Romanautor ist und das Schreiben manchmal einfach nur lästig erscheint, dann wird die nächste Deutscharbeit wohl keine 1 werden. Ist Ihre Tochter kein Mathe-Ass, fällt die nächste Mathearbeit auch nicht sehr gut aus. Die Ziele müssen dem Können Ihres Kindes entsprechen, sonst ist es direkt wieder unmotiviert. Beziehen Sie auch Schulfächer mit ein, die nicht unter den Hauptfächern sind. Ist Ihre Tochter schon immer gut in Musik, wäre ein Ziel, beim nächsten Vorsingen eine gute Note zu erreichen. Ist Ihr Sohn ein Sport-Ass, kann man auch hier schöne Ziele vereinbaren. So bleiben Ihre Kids motiviert und verzweifeln nicht, wenn sie einmal ein Ziel nicht erreichen.

Wenn Ihr Kind seine Ziele nicht erreicht, kann das verschiedene Ursachen haben. Zum einen, wie schon erwähnt, steckt sich Ihr Kind die Ziele grundsätzlich zu hoch, weil es so weiter machen möchte, wie bisher, aber die Anforderungen steigen. Auch den zweiten Grund habe ich schon erwähnt. Ihr Kind hat es bisher noch nicht gelernt, kämpfen zu müssen und durchzuhalten. Die dritte Variante ist eine grundsätzliche Überforderung, weil die Lücken in einigen Fächern immer größer werden. Es kann natürlich auch sein, dass Ihr Kind bisher nie richtig lernen musste und jetzt dazu gezwungen ist, dies auf einmal machen zu müssen.

Es fängt also jetzt erst an, sich Lernstrategien anzueignen. Das geht nicht von heute auf morgen. Auch den Umgang mit Misserfolgen muss so manches Kind erst einmal erlernen. Vielleicht standen bisher Enttäuschungen noch nicht so auf seinem Plan? Und zum Schluss ist natürlich auch das Selbstvertrauen eine Frage. Hat Ihr Kind aktuell ein negatives Selbstbild, kann es kaum mit Motivation und Kraft an neue Ziele herangehen.

Klaus Hurrelmann (Bildungsforscher) hat folgende Anregungen für den Umgang mit schulischen Problemen:

- Anerkennung

Begegnen Sie Ihrem Kind grundsätzlich mit Wärme und Liebe, seien Sie einfühlsam, denken Sie sich in Ihr Kind hinein – aber erdrücken Sie es nicht.

- Anleitung

Besprechen Sie mit Ihrem Kind gemeinsam die Umgangsregeln und die Konsequenzen bei Verstößen.

- Anregung

Loben Sie Ihr Kind, wenn es angebracht ist. Erteilen Sie keine Ratschläge, sondern suchen Sie gemeinsam nach einer Lösung, wie Sie Ihr Kind unterstützen können. Lassen Sie sich ein paar Herausforderungen einfallen, die Ihr Kind leistungsmäßig beanspruchen. Geben Sie Impulse, ohne übertriebene Leistungen zu erwarten.

Grundsätzlich können Sie als Eltern hier wie ein Coach reagieren. Sport ist bei Kindern immer ein gutes Beispiel. Wenn Ihr Kind beim Tennis, Schwimmen oder Fußball aktiv ist, dann kennt es durchaus Erfolge und Misserfolge. Es weiß, dass es bei einer Niederlage für das nächste Mal besser vorbereitet sein muss. Hier setzen direkt Denkstrategien ein, die dann zur Folge haben, dass entweder härter trainiert oder die Taktik überprüft wird oder dass Nervenstärke und Ausdauer auf den Prüfstand gestellt werden. Dieses Wissen können Sie als Eltern nutzen, indem Sie Ihrem Sprössling klar machen, dass es in der Schule auch nicht anders funktioniert.

Die Strategie bleibt die gleiche, nur der Hintergrund ist ein anderer. Sollte Ihr Kind nicht sportlich aktiv sein, so hat es doch bestimmt etwas anderes, in dem es richtig gut ist und an dem es viel Interesse hat. Dann nutzen Sie dieses Beispiel, um es auf die Schule zu übertragen.

Kennenlernen und Verlieben

DIE ERSTEN SCHRITTE

Zu meiner Zeit waren die ersten Schritte gar nicht so schwer. Entweder schwärmte man für einen Klassenkameraden, einen Jungen aus den höheren Klassenstufen oder man verguckte sich innerhalb der Clique in jemanden. Damals hatte nicht jeder ein Telefon und noch weniger Menschen hatten einen Computer zuhause (von Internet und Smartphone einmal ganz zu schweigen).

Mein Kind wurde da schon mit etwas mehr konfrontiert. Da war die virtuelle Welt schon da und vergrößerte den Horizont. Sie schrieb schon auf Schnuffels.de und später auf Schüler VZ. Und trotzdem verguckte mein Kind sich in Typen, die sie persönlich kannte, oder in Freunde von Freunden.

Ich glaube, auch heute ist das noch immer der gängigste Weg für die ersten Schmetterlinge im Bauch. Aber wie kommt man denn nun am besten an seinen Schwarm heran? Was geht in unseren Kids vor, wenn sie verliebt sind? Ich denke, die meisten sind einfach nur unsicher. Sie trauen sich vorerst nicht direkt an den oder die Auserwählte heran, sondern fragen ihre Freunde, was sie über die Person wissen, und stalken sie bei Facebook und Co., nur um erst einmal an Informationen heranzukommen. Je mehr man über den anderen weiß, umso eher glaubt man, ihn zu kennen, und umso näher fühlt man sich ihm.

Irgendwann kommt es dann zum ersten Ansprechen. Auch heute noch versuchen es viele Jungs mit super coolen Anmachsprüchen (das scheint auch altersunabhängig zu sein, denn auch erwachsene Männer machen so etwas heute noch). Diese Sprüche haben oft nicht den gewünschten Effekt, sondern sind eher peinlich. Die Mädels ziehen sich super toll an und machen Dinge, die sie normalerweise sonst nicht machen, nur um aufzufallen.

Allen Kids wird geraten, sich genauso zu verhalten, wie sie sonst auch immer sind. Sie sollen immer sie selbst bleiben. Nur funktioniert das in solchen Momenten oft nicht. Egal, ob Jungs oder Mädchen, sie alle sind aufgeregt und haben regelrecht Lampenfieber. Soll man als Mädchen den Jungen ansprechen oder lieber warten, bis er es tut? Was sagt man am besten? Und gibt man sich jetzt besonders cool oder lieber nicht? Die meisten jungen Leute wünschen sich tatsächlich jemanden, der sich natürlich benimmt, normal redet und sich nicht verstellt. In dem Alter muss man dafür allerdings den richtigen Moment abpassen. Steht der Schwarm mit seiner Clique zusammen, ist er anders, als wenn er allein ist. Vor Freunden benehmen sich in dem Alter viele anders als allein im ganz privaten Rahmen.

Hat das mit dem Ansprechen irgendwann geklappt, könnte schon die erste Enttäuschung warten. Möglicherweise entpuppt sich der Auserwählte als völliger Idiot, mit dem man überhaupt nicht reden kann – er sah nur von außen immer so cool aus oder er ist nicht an einem selbst interessiert, sondern an einer ganz anderen Person.

Dann wird Ihr Kind enttäuscht sein und Sie werden es auffangen. Bitte erklären Sie Ihrem Kind jetzt aber nicht, dass auch andere Mütter schöne Söhne oder Töchter haben und er oder sie ohnehin die falsche Wahl war. Ihr Kind war verliebt und Abweisung tut weh. Wenn Ihr Kind es zulässt, trösten Sie es, nehmen Sie es in den Arm und versuchen Sie, es abzulenken. Normalerweise ist relativ schnell ein neuer Schwarm da und der erste ist vergessen, aber das wissen nur Sie, Ihr Kind weiß das noch nicht.

Hat das erste Ansprechen funktioniert, wird die Zeit zeigen, wie es weitergeht. Denken Sie immer daran, Ihr Kind probiert sich im Moment aus. Es wird scheitern und weitermachen, es wird enttäuscht werden und später darüber lachen.

DER ERSTE KUSS

Können Sie sich an Ihren ersten Kuss erinnern? Die meisten wissen es noch. Ich bekam meinen ersten Kuss in der 7. Klasse. Damals war ich mit einem Klassenkameraden zusammen – wie man in dem Alter eben zusammen ist. Wir haben Händchen gehalten, wir waren zusammen bei meinen Eltern und bei seinen und haben gemeinsam Filme geschaut. Nichts Großes, alles ganz und gar harmlos. Irgendwann war ich mal wieder bei ihm und ich weiß noch, dass er in so einem Neubaublock wohnte. Als ich nach Hause musste, brachte er mich noch bis runter an die Haustür, weil die ja zugeschlossen sein konnte.

Und so standen wir im Flur dieses Neubaublocks und auf einmal drückte er mir einen Kuss auf den Mund. Und ich dachte noch, „Huch, was ist jetzt los?", und als ich das noch dachte, hatte ich seine Zunge in meinem Mund. Ich erspare Ihnen die Details, ich habe ihn nie wieder geküsst. Ich weiß gar nicht mehr, ob wir danach noch zusammen waren oder nicht und wie sich das Ganze dann aufgelöst hat. Fakt war, alles, was ich vorher gelesen hatte, stimmte nicht.

Da war nix mit Schmetterlingen im Bauch oder so. In dem Moment war es einfach nur eklig. Mir war völlig unklar, warum andere so etwas Komisches machen und wieso meine Freundinnen so davon schwärmten. Ich habe dann für eine ganze Weile Abstand von Beziehungen (was man damals so als Beziehung bezeichnete) genommen und erst in der vorher schon erwähnten wilden 8. Klasse nahm ich wieder Kontakt zum männlichen Geschlecht auf.

Wenn ich das heute so erzähle, dann stimmen mir ziemlich viele Leute zu, dass auch bei ihnen der erste Kuss nicht das war, was sie sich darunter vorgestellt haben.

Warum ich so weit aushole? Ich möchte Sie in die Emotionen von damals zurück entführen. Wie hat man sich gefühlt, was ging einem so durch den Kopf? Das ist wichtig, um Ihr Kind heute verstehen zu können und nicht einen falschen Film in Ihrem Kopf abspielen zu lassen. Oft malen sich Eltern ja direkt das Schlimmste aus, wenn ihr Kind zum ersten Mal mit einem "Freund" nach Hause kommt. Ich habe mit vielen Mamas und Papas von pubertierenden Töchtern und Söhnen gesprochen. In den meisten Fällen lief es sehr ähnlich ab. Der Freund oder die Freundin kam zum ersten Mal zu den Eltern und dann klopfte man sich gegenseitig ab, wobei gegenseitig eher einseitig ist. Die Eltern checken quasi den Freund oder die Freundin und irgendwann, beim ersten Treffen oder beim zweiten, gehen die beiden jungen Leute ins Zimmer und machen die Tür zu. Und dann werden die Eltern unsicher.

Entweder sitzen sie im Wohnzimmer und überlegen, was hinter der verschlossenen Tür gerade passiert, oder die Mama muss den beiden unbedingt etwas zu trinken bringen, weil die armen Kinder bestimmt am Verdursten sind. Eine halbe Stunde später verhungern die armen Teenies und man muss ja wenigstens einmal nachfragen, ob sie etwas zu essen wollen. Die wenigsten Eltern sitzen gechillt im Wohnzimmer und kümmern sich um ihre eigenen Angelegenheiten.

Und an dem Punkt bitte ich Sie, sich an Ihre eigenen Erlebnisse zu erinnern. Warum waren Sie mit Ihrem ersten Schwarm allein im Zimmer? Wollten Sie direkt über ihn herfallen? Wohl kaum. Sie wollten sich einfach nur allein mit ihm unterhalten können, vielleicht Händchen halten und zusammen Musik hören. Einfach ein wenig Zweisamkeit genießen. Ihrem Kind geht es nicht anders. Es ist völlig verunsichert, weil die

Situation komplett neu ist. Ihr Kind kann nicht auf Erfahrungen zurückgreifen, es hat so etwas noch nie erlebt. Dieses Gefühl, das andere Geschlecht attraktiv zu finden, ist neu und ungewohnt.

Ich versuche, Eltern immer ein wenig auf die Sprünge zu helfen, wie sich ihre Kinder fühlen, indem ich ein anderes Beispiel verwende. Eltern haben normalerweise schon einige Erfahrungen mit der Liebe gemacht. Auch sie hatten einmal den ersten Freund und den ersten Liebeskummer. Auch sie haben sich wie auf Wolke 7 gefühlt und Schmetterlinge im Bauch gehabt. Aus diesen Erfahrungen heraus interpretieren wir Erwachsene Liebe schon anders als unsere Kinder. Aber wie ist es mit der Geburt Ihres Kindes? Ich dachte, auch ich kenne schon eine ganze Reihe an Emotionen, die mit Partnern zu tun haben.

Aber als mein Kind auf die Welt kam und ich es zum ersten Mal im Arm hatte, da durchflutete mich eine Liebe, die so stark war, dass ich es nicht beschreiben kann. Ich dachte wirklich, ich weiß, was Liebe ist, aber die Liebe zu seinem Kind erreicht Dimensionen, die einem vorher verwehrt blieben. Und so ähnlich ergeht es Ihrem Kind mit seiner ersten großen Liebe. Es ist verwirrt und glücklich zugleich, begreift gar nicht richtig, was da mit ihm passiert, und kann es noch weniger einordnen. Es kannte bisher die Liebe zu seinen Freunden und Geschwistern, zu Tieren sowie zu den Eltern und Großeltern. Aber das ist nichts im Vergleich zu der Liebe, die es jetzt fühlt.

Zum Thema Verhütung habe ich mich weiter oben schon ausgelassen. Sollten Sie dieses Gespräch bis jetzt vor sich hergeschoben haben, wird es allerhöchste Eisenbahn, denn irgendwann nach dem ersten Kuss folgt die erste Beziehung.

DIE ERSTE BEZIEHUNG

Gehen wir davon aus, dass das Kennenlernen funktioniert hat und die beiden sich nach wie vor sympathisch sind, dann wird daraus die erste Beziehung Ihres Kindes. Möglicherweise redet Ihr Kind von niemand anderem mehr und verbringt so viel Zeit wie möglich mit dem Auserwählten. Sicher wird am Anfang alles perfekt sein und die Welt rosarot. Ihr Kind ist sozusagen berauscht von der Liebe. Machen Sie sich darauf gefasst, kein anderes Thema mehr zu hören zu bekommen.

Ihr Kind hat keine Zeit mehr für gemeinsame Ausflüge mit Ihnen, es sei denn, der Schatz ist dabei. Nehmen Sie das bitte nicht persönlich, das ist völlig normal. Zum einen hat Ihr Kind nur noch Augen für diese eine Person, alles andere ist gerade vollkommen egal. Und zum anderen möchte sich Ihr Kind natürlich auch von Ihnen abgrenzen. Es will seine Privatsphäre und die wird es verteidigen.

Im Laufe der Zeit wird aber auch Ihr Kind die Macken des anderen erkennen und es gibt den ersten Streit. Oft haben die Kinder noch unterschiedliche Erwartungen an eine Beziehung oder einer hat sich verbogen, um dem anderen zu gefallen, und irgendwann bekommt er das nicht mehr hin. In dieser Zeit muss Ihr Kind lernen, Kompromisse einzugehen. Es ist gut, wenn es das vorher schon in einem anderen Kontext gemacht hat, dann fällt es ihm leichter. Es lernt außerdem, dass nur Ehrlichkeit am Ende wirklich etwas bringt und dass man miteinander reden und dem anderen zuhören muss.

DER ERSTE LIEBESKUMMER

Irgendwann kommt es zum ersten richtigen Krach und manchmal bedeutet dieser auch direkt das Aus der Beziehung. Dann wird Ihr Kind am Boden zerstört sein. Seine Welt bricht komplett zusammen. Zum einen ist da die Verletzung durch einen geliebten Menschen und zum anderen ändert sich ja der komplette Tagesablauf. Diesen Schmerz erlebt

Ihr Kind zum ersten Mal. Jungs ziehen sich dann oft zurück und behalten ihre Gefühle für sich. Manchmal werden sie aggressiv, auch gegen Sie. Auch an dieser Stelle noch einmal: Nehmen Sie es nicht persönlich. Ihr Sohn greift nicht Sie an, er ist komplett mit der Situation überfordert und sauer auf alles und jeden. Sie sind nur der Mensch, an dem er es auslässt, und das ist auch gut so, denn schlussendlich zeigt es ja, dass er Ihnen soweit vertraut, um sich mit Ihnen in Verbindung zu setzen.

Oft wissen die Kids im Hinterkopf auch, dass es okay ist und nichts Schlimmes passiert. Auch Mädchen ziehen sich zurück, sind aber oft noch zugänglicher. Sie weinen sich die Augen aus, wünschen dem Ex die Pest an den Hals und wenn dieser dann auch noch schnell Ersatz gefunden hat, wird es noch schlimmer. Gibt es bei Jungs einen Nebenbuhler oder Nachfolger, dann gibt es wie früher ein Duell (um es einmal klar auszudrücken: es gibt eine aufs Maul). Wenn Mädels eine andere in die Parade fährt, werden sie oft sehr innovativ.

Die andere wird hinten herum schlecht gemacht, es wird gelästert und intrigiert. So ein Verhalten legen auch erwachsene Frauen manchmal noch an den Tag. Ich persönlich bin der Meinung, dass es nichts außer vielleicht kurzer Genugtuung bringt. Versuchen Sie, Ihre Tochter davon abzuhalten, solche Dinge zu unternehmen, wenn Sie die Möglichkeit dazu haben.

Sie sollten allerdings auch nicht vergessen, dass nicht mehr Sie allein der Ansprechpartner für Ihr Kind sind. Ihr Kind wird sich in seinem Freundeskreis ausweinen und trösten lassen. Auch das geht nicht gegen Sie. Ihr Kind trifft hier einfach auf Gleichgesinnte, die ganz genau verstehen, was da gerade passiert, weil sie es selbst auch schon kennen. Das ist für Ihr Kind eine großartige Hilfe. Ablenkung ist auch heute noch die beste Variante, um vom Liebeskummer wegzukommen – entweder mit Freunden ins Kino gehen, mit ihnen Sport machen oder einfach nur Spaß haben. Schauen Sie, was Ihrem Kind gerade guttut und wo Sie eventuell helfen können, aber lassen Sie ihm seinen Freiraum. Am Ende kann nur Ihr Kind allein damit fertig werden.

Wenn alles nichts hilft und Ihr Kind auch Wochen später noch mit seinem Schicksal hadert, dann gibt es auch Beratungsstellen für Jugendliche und Eltern, an die man sich wenden kann.

Sexualität und das erste Mal

Sie haben sicher bemerkt, dass ich im vorigen Kapitel auf den ersten Kuss und die erste Beziehung eingegangen bin und dann direkt zum Ende der Beziehung kam. Ich wollte dem Thema Sex ein eigenes Kapitel widmen, weil es ja doch eine sehr große Rolle in den Köpfen der Eltern und der Kids spielt.

Die schönste Nebensache der Welt ist auch heute noch ein Tabuthema. Alle tun es und keiner spricht darüber. Obwohl, so ganz stimmt das auch nicht. Aber Eltern und Kinder sprechen kaum darüber. Ich persönlich kann mich nicht daran erinnern, mit meinen Eltern jemals über Sex gesprochen zu haben. Ich weiß, dass meine Eltern Sex haben und das reicht dann auch. Eltern sind non-sexuale Wesen. Und Kinder am Ende irgendwie auch. Obwohl ich zu meinem Kind ein großartiges Vertrauensverhältnis habe und über alle Probleme reden kann, Sex spielte nie eine Rolle. Wir haben über Probleme mit dem Freund gesprochen, über Kränkungen und Beleidigungen und auch über die Schmetterlinge im Bauch, wenn jemand neues kam, aber nicht über Sex. So etwas bespricht man mit einer Freundin oder man liest im Internet nach, fragt den Gynäkologen oder den Urologen, aber eher selten die Eltern.

Als Erstes möchte ich einmal alle Eltern beruhigen: Was Sie über sehr frühe Schwangerschaften in den Medien mitbekommen, sind tatsächlich Einzelfälle. Tatsache ist, dass die Jugendlichen von heute sich wieder mehr Zeit lassen mit dem ersten Mal als noch vor 10 Jahren. Wann das erste Mal bei Ihrem Kind sein wird, können Sie nicht beeinflussen. Sie können nur dafür sorgen, dass Ihr Kind über Verhütung informiert ist, und ihm so viel Selbstvertrauen mitgeben, dass es selbst die richtige Entscheidung trifft, wann der richtige Zeitpunkt ist.

Dieser Zeitpunkt hängt von einigen Faktoren ab. Zum einen haben wir die Medien und einige junge Youtuber, die relativ offen über ihr erstes Mal sprechen. Den größten Druck macht aber meiner Ansicht nach noch immer das soziale Umfeld, in dem sich Ihr Kind bewegt. Jeder Mensch ist anders und irgendwann wird es auch in der Clique Ihres Kindes oder in den Klassen den oder die geben, die mit jemandem geschlafen hat. Und es werden mit der Zeit immer mehr.

Sei es, weil es manche einfach behaupten, um dazu zu gehören, oder weil sie ihr erstes Mal tatsächlich schon hinter sich haben. Relativ sicher ist, dass niemand zugeben wird, dass es nicht so war, wie man es sich vorgestellt hat. Fakt ist, Ihr Kind baut gerade sein Selbstwertgefühl auf. Es ist unsicher, weil sich sein Körper verändert, und dadurch braucht es umso mehr die Anerkennung in der Gruppe. Versuchen Sie, ihm an dieser Stelle den Rücken zu stärken. Niemand muss mit jemandem schlafen, nur, um es getan zu haben. Ab einem gewissen Zeitpunkt wollen Mädchen das erste Mal oft einfach hinter sich bringen und Jungs glauben, mit dem ersten Sex zum Mann zu werden.

Ach, und wundern Sie sich bitte nicht, wenn Sie auf dem Rechner Ihres Kindes auf einmal Pornos finden – einmal davon abgesehen, dass ich Sie jetzt lieber nicht frage, was Sie am Rechner Ihres Kindes zu suchen haben. Pornofilme dienen in dieser Zeit als eine Art Weiterbildung. Ihr Kind ist unerfahren und versucht auf allen möglichen Wegen, Informationen zu beschaffen. Nicht mehr und nicht weniger. Bleiben Sie locker, es ist okay. Es würde ohnehin zur Katastrophe führen, wenn Sie Ihr Kind darauf ansprechen, denn dann müssten Sie erklären, woher Sie das wissen.

Was Ihnen auch noch klar sein sollte, ist, dass zu diesem Zeitpunkt oft noch nicht zwischen Liebe und Sex unterschieden wird. Natürlich sind die beiden im Normalfall schon eine ganze Weile zusammen, halten

Händchen, küssen sich und gehören irgendwie zusammen. Das hat noch ganz viel mit Romantik zu tun. Und wir dürfen auch nicht vergessen, dass zwischen dem ersten Kuss und dem ersten Sex das stille Herantasten steht. Früher nannte man das Petting, unter den Teenies sagte man Fummeln oder Kuscheln... Sie wissen, was ich meine. Zwischen dem ersten Kuss und dem ersten Sex vergehen also Wochen, Monate oder sogar Jahre. Und selbst dann kann es sein, dass der Sex nur auf Druck von außen stattfindet. Ich höre heute noch Freunde von mir, die mich gefühlt tausend Mal gefragt haben, warum ich mit meinem Freund noch nicht geschlafen habe, obwohl wir doch schon über ein halbes Jahr zusammen sind.

Erst gegen Ende der Pubertät verstehen die Jugendlichen, dass es zwischen Sex und Liebe einen Unterschied gibt. Dann fangen sie an, ihren Partner wegen seiner inneren Werte zu lieben und nicht wegen des Äußeren.

Eine schöne und hilfreiche Seite für alle Beteiligten ist www.loveline.de. Hier finden Sie und auch Ihr Kind Informationen zu allen Themen rund um die Liebe.

Sexuelle Orientierung

Die sexuelle Orientierung spreche ich nur kurz an. Ich gehe davon aus, dass Sie Ihr Kind lieben, egal, zu welchem Geschlecht es sich hingezogen fühlt. Wie schon erwähnt, befindet sich Ihr Kind mitten in der Orientierungsphase. Manche Kinder fühlen sich direkt vom anderen Geschlecht angesprochen, andere von beiden oder vom gleichen. Das kann sich auch alles nach einer Weile wieder ganz anders gestalten. Auch wenn gleichgeschlechtliche Partnerschaften heute heiraten dürfen und zumindest gesetzlich mehr Rechte eingeräumt bekommen als früher, so brauchen sie doch noch unsere Unterstützung. Ganz besonders Ihr Kind. Seien Sie offen, geben Sie Ihrem Kind zu verstehen, dass nichts falsch an ihm ist und das Liebe Liebe bleibt, egal mit welchem Geschlecht. Und machen Sie Ihrem Kind unmissverständlich klar, dass Sie hinter ihm stehen, egal, wie andere reagieren – und bitte leben Sie das dann auch.

Medien und Alltag

Mit digitalen Medien haben unsere Kinder schon zu tun, wenn sie so langsam in die Pubertät kommen. Alle Welt fordert heute eine bessere Medienkompetenz unserer Kinder, aber in den Schulen sind wir noch weit davon entfernt, mit der digitalen Entwicklung Schritt zu halten. Deshalb ist es umso wichtiger, unsere Kinder auf den Alltag mit diesen Medien vorzubereiten. Da wir hier von einem recht neuen Phänomen sprechen, gibt es noch keine wirklichen Ratgeber, die Eltern Hilfe bieten. Deshalb schauen wir uns das Thema einmal gemeinsam an. Neben den Gefahren, die im Internet selbst lauern, habe ich mir auch ein paar Stimmen von Ärzten und Krankenkassen angeschaut, inwiefern hier ggf. körperliche bzw. gesundheitliche Schäden auf unsere Kids zukommen.

Fakt ist, wir müssen den Umgang mit den neuen Medien selbst lernen und ihn unseren Kindern beibringen. Der Umgang mit Handys und Co. ist für unsere Heranwachsenden eine Alltagsqualifikation, ebenso wie Lesen, Rechnen und Schreiben, und er ist auch für das spätere Berufsleben eine Schlüsselqualifikation. Wir können also nichts anderes machen, als unsere Kinder darauf vorzubereiten – genauso, wie auf viele verschiedene andere Dinge des Lebens.

Medienkompetenz

Medienkompetenz ist das Wort dafür, dass Menschen mit den Medien zielgerichtet und verantwortungsvoll umgehen. Außerdem gehört dazu, dass man weiß, welche Medien es gibt und wie man sie anwendet. Natürlich sollten einem auch die Gefahren bewusst sein, die von dem Medium ausgehen können (Datenschutz, Cybermobbing etc.).

Unsere Kinder integrieren die neuen Medien ganz automatisch in ihren Alltag und wachsen ganz selbstverständlich in einer digitalen Welt auf. Sie haben Smartphones, nutzen Apps und fragen Alexa nach dem Wetter. Deshalb ist es eine neue Aufgabe für uns Eltern, die Aktivitäten ein Stück weit zu steuern (nicht zu kontrollieren) und unseren Kindern die Gefahren sowie ihr Verhalten im Netz im Vorfeld klar zu machen.

JIM-Studie und Nutzung von Internet & Co

Zunächst einmal möchte ich erklären, was hinter der JIM Studie steckt. Die Basisuntersuchungen werden seit 1998 vom Medienpädagogischen Forschungsverbund Südwest (mpfs) zum medialen Alltag verschiedener Altersgruppen durchgeführt. Es gibt 3 Basisstudien: KIM (Kinder + Medien + Computer + Internet), JIM (Jugend, Information, (Multi-) Media) und FIM (Familie, Interaktion & Medien). Der Forschungsverbund Südwest arbeitet mit verschiedenen Instituten und Landeszentralen zusammen, so z. B. mit der Landesanstalt für Kommunikation Baden-Württemberg, der Landeszentrale für Medien und Kommunikation Rheinland-Pfalz und der SWR Medienforschung.

Uns interessiert an dieser Stelle nur die JIM-Studie, da wir ja von unseren pubertierenden Kindern sprechen.

Die Zahlen von 2018 zeigen, dass fast alle Jugendlichen im Alter von 12 bis 19 über ein Smartphone verfügen. Ich persönlich habe die Erkenntnis, dass Kinder oft ab einem Alter von ungefähr 10 Jahren ein eigenes Handy besitzen. In erster Linie liegt das daran, dass unsere Kids aus der Grundschule gehen und auf die Mittelschule oder ein Gymnasium wechseln. Zum einen liegt das oft nicht mehr um die Ecke und zum anderen gibt es am Nachmittag keinen Hort mehr. Wenn es sich die Eltern nicht leisten können, ihr Kind nach dem Unterricht abzuholen, muss es zwangsläufig allein nach Hause, zu den Großeltern oder zum Sportverein.

Und damit wir Eltern unser Kind anrufen können oder es sich bei uns melden kann, muss es nun einmal erreichbar sein. Deshalb bekommt es oft ab diesem Alter ein Handy, nicht zwangsläufig schon ein

Smartphone, aber das ist dann nur noch eine Frage der Zeit. Da wir von unseren Pubertieren reden, befinden wir uns im Altersschnitt bei ca. 12 Jahren, und da nutzen die meisten Kids bereits Apps und Messenger. Erschreckend finde ich, dass schon 6- bis 7-Jährige zu 35 % regelmäßig das Internet nutzen. Bei 10-11-Jährigen sind es dann schon 79 %.

Im Prinzip ist es aber auch kein Wunder, sind doch unsere Haushalte mittlerweile voll mit Medienangeboten aller Art. Neben Smartphones, Rechnern, Fernsehern und Spielkonsolen mit Internetzugang gibt es Streaming-Boxen oder -Sticks, Smartwatches und Internetradio. Schon 14 % unserer Teenies nutzen mittlerweile Sprachassistenten wie Alexa und Co.

Geräte-Ausstattung im Haushalt 2018

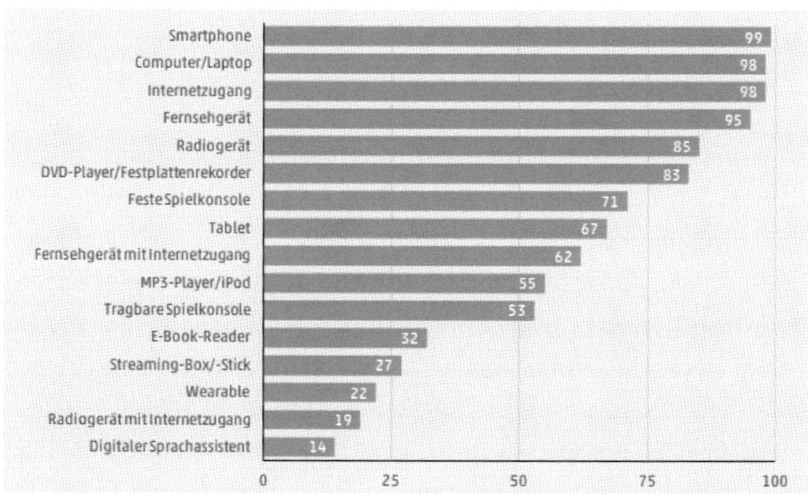

Quelle: JIM 2018, Angaben in Prozent, Basis: alle Befragten, n=1.200

Fakt ist, dass der Medienkonsum der Kinder irgendwann ein Streitpunkt innerhalb der Familie wird. Viele Eltern finden die Nutzungsdauer zu hoch und damit zusammenhängend werden andere Aufgaben vernachlässigt.

Medienbeschäftigung in der Freizeit 2018

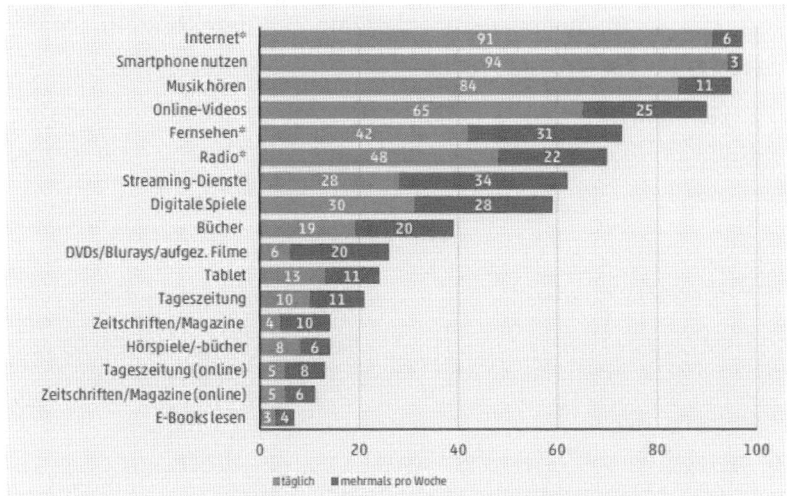

Quelle: JIM 2018, Angaben in Prozent, *egal über welchen Verbreitungsweg, Basis: alle Befragten, n=1.200

Doch wo genau treiben sich unsere Kinder im Internet herum? Welche Sites sind die angesagtesten? Und wo informieren sich unsere Kinder grundsätzlich über Politik und aktuelle Trends?

NACHRICHTEN

Erstaunlich finde ich, dass unsere Kinder bei Nachrichten auf herkömmliche Methoden zurückgreifen. So vertrauen unsere Kinder nach dieser Studie tatsächlich der Tagesschau oder den Tagesthemen zu 84 %, dicht gefolgt von regionalen Tageszeitungen – und hier wohl bemerkt die gedruckte Ausgabe. Das liegt wohl daran, dass Begriffe wie Fake News oder alternative Fakten genauso in den Köpfen unserer Kinder verankert sind wie die Nutzung der neuen Medien. Zwischen den Geschlechtern gibt es übrigens keine signifikanten Unterschiede. Unterschiedliche Meinungen lassen sich allerdings im Hinblick auf das Bildungsniveau erkennen. Jugendliche mit höherem Bildungsniveau haben größeres Vertrauen in die meisten Angebote der Nachrichten. Besonders bei Printausgaben sieht man einen großen Unterschied. Hier vertrauen Gymnasiasten zu 66 % dem Inhalt und Haupt- bzw. Realschüler nur zu 41 %. Auch bei Spiegel online und dem Heute Journal finden wir ähnliche Zahlen. Umgedreht sind die Zahlen bei Angeboten von den privaten Sendern wie RTL aktuell, ProSieben Newstime und der Bild-Zeitung: Bei RTL aktuell vertrauen 28 % der Haupt- und Realschüler dem Inhalt und nur 20 % der Gymnasiasten.

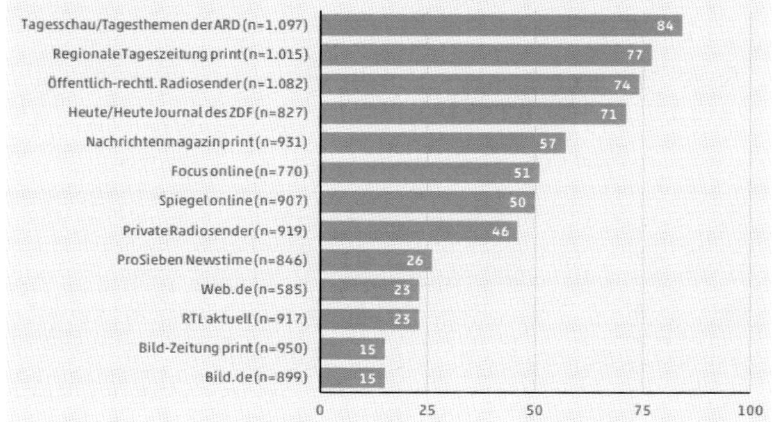

Quelle: JIM 2018, Angaben in Prozent, Basis: Befragte, die das jeweilige Angebot kennen/nutzen

BÜCHER

Interessant ist, dass das Lesen von Büchern auch im heutigen Zeitalter unverändert geblieben ist. Seit 20 Jahren lesen ca. 40 % der Jugendlichen zwischen 12 und 19 Jahren mindestens mehrmals pro Woche in der Freizeit gedruckte Bücher. Die analoge Form wird weit weniger genutzt. Was auch geblieben ist: Mädchen lesen mehr als Jungs und je höher das Bildungsniveau, desto eher der Griff zum Buch.

MUSIK

Hier zeichnet sich ein neuer Trend ab. Seit 2018 stehen Streaming-Dienste wie Spotify auf Platz 1. Danach folgen Live-Musik bei Radiosendern und die Nutzung von YouTube. Kassetten, Schallplatten, CDs und MP3s verlieren sichtlich an Boden.

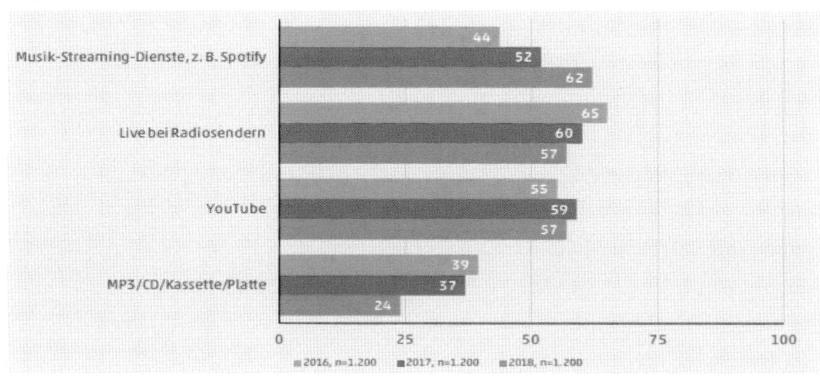

Quelle: JIM 2016-JIM 2018, Angaben in Prozent, Basis: alle Befragten

ONLINE-ANGEBOTE

Was genau wird jetzt von unseren Kindern am meisten genutzt? Gefragt wurde nach den Top 3 der Lieblingsangebote. Angeführt wird die Liste von YouTube, was sicher daran liegt, dass es hier eine Vielzahl von Möglichkeiten gibt – von Anleitungen für alles Mögliche bis hin zu Videos zu allem, was die Teenies von heute so interessiert. Direkt danach kommt WhatsApp, um mit Freunden in Verbindung bleiben zu können und im Status zu posten, was sie gerade erleben. Platz 3 geht dann an Instagram.

Liebste Internetangebote 2018
– bis zu drei Nennungen –

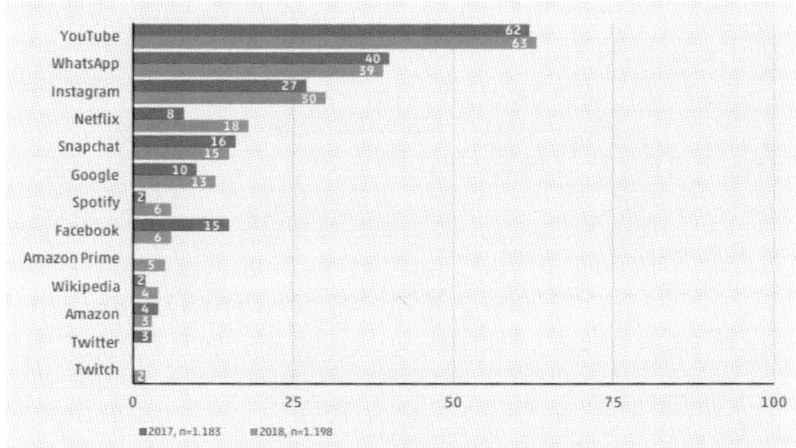

Quelle: JIM 2017, JIM 2018, Angaben in Prozent, Nennung ab 2 Prozent (Gesamt), Basis: Internetnutzer

Bei der Nutzung der Apps gibt es ein ähnliches Ranking. Hier liegt WhatsApp auf Platz 1, gefolgt von Instagram und YouTube. Genutzt wird in erster Linie das Smartphone für die Nutzung des Internets. Das kommt jetzt nicht überraschend, schließlich ist es immer dabei.

FERNSEHEN

ProSieben ist seit einigen Jahren unangefochten an der Spitze der Fernsehsender. Für ein Drittel der Jugendlichen bietet er die besten Serien, Filme und Shows. Allerdings nimmt die Nutzung grundsätzlich ab (2016 waren es 45 % und 2017 noch 38 %). Andere Sender, wie ARD, ZDF und SAT 1, folgen mit Abstand.

Am liebsten werden Comedy und Sitcoms geschaut. Auch das hat sich seit Jahren nicht geändert. Und zwangsläufig haben sich auch hier die Zahlen verringert, da der Fernsehkonsum selbst abgenommen hat.

Lieblingssendung im Fernsehen 2018
– bis zu drei Angaben/Oberkategorie und Beispielsendungen, Auswahl –

	Mädchen	Jungen
Sitcoms/Comedy	23	18
The Big Bang Theory	14	14
How I met your mother	7	6
Comics/Zeichentrick/Animes	12	25
Die Simpsons	6	13
Krimis/Mystery	15	14
(Navy)CIS	4	4
Scripted Reality/Dokusoaps	18	9
Shopping Queen	5	
Nachrichten	9	13
Tagesschau	5	9

Quelle: JIM 2018, Angaben in Prozent, Nennungen ab 3 Prozent (Gesamt), Basis: alle Befragten, n=1.200

SPIELE

Dass unsere Kinder digitale Spiele lieben, ist nichts Neues. Mittlerweile sind Entwickler von Computerspielen sogar Mitglied im Deutschen Kulturrat. Deshalb wird auch die Nutzung von Spielen in der JIM-Studie unter die Lupe genommen. Die Spielmöglichkeiten haben sich mit der Zeit erweitert. So können wir heute am Computer, an der Konsole, auf dem Tablet oder auf dem Handy spielen. Nur ungefähr ein Zehntel der Jugendlichen spielt nie. Alle anderen spielen regelmäßig, mindestens einmal pro Woche. Die Jungs sind hier weiter vorn als die Mädchen und je älter sie werden, umso mehr lässt die Faszination nach. Auch hier wird wieder ein Unterschied im Bildungsniveau sichtbar. So spielen Gymnasiasten seltener als andere Schüler.

Untersucht wurden weiterhin die unabsichtlichen Käufe innerhalb von Onlinespielen. In vielen Spielen kann man Werkzeuge oder Leben kaufen und nicht immer ist ersichtlich, dass es sich um eine kostenpflichtige Option handelt. Acht Prozent der Befragten gaben an, dass sie schon einmal aus Versehen etwas abonniert oder gekauft haben. Hier sind eher die jüngeren Spieler betroffen und die Jungs (da sie prozentual einfach mehr spielen).

Liebste Computer-, Konsolen-, Tablet- und Handyspiele 2018

– Rang 1 bis 3, bis zu drei Nennungen –

	12-13 Jahre	14-15 Jahre	16-17 Jahre	18-19 Jahre
Rang 1	„Fortnite" 27%	„Fortnite" 28%	„Fortnite" 16%	„FIFA" 17%
Rang 2	„Minecraft" 17%	„FIFA" 14%	„Grand Theft Auto" 14%	„Grand Theft Auto" 12%
Rang 3	„FIFA" 11%	„Minecraft" 12%	„FIFA" 10%	„Call of Duty" 11% „League of Legends" 11%

	Haupt-/Realschule	Gymnasium
Rang 1	„Fortnite" 27%	„Fortnite" 14%
Rang 2	„FIFA" 15% „Grand Theft Auto" 15%	„FIFA" 12%
Rang 3	„Call of Duty" 13%	„Minecraft" 10%

Quelle: JIM 2018, Angaben in Prozent, Basis: alle Befragten, n=1.200

MOBBING UND HATE SPEECH

Natürlich bieten das Internet und die Messenger unheimlich viele Vorteile. Die Teenies sind vernetzt, erreichbar und können sich jederzeit über Neuigkeiten informieren. Der Nachteil ist, dass sich Beleidigungen natürlich auch digital ausweiten. Was wir Eltern früher nur auf dem Schulhof oder innerhalb der Clique erlebt haben, können heute im Zweifelsfall alle im Netz lesen. Jeder fünfte Teenie sagt, dass schon einmal falsche oder beleidigende Inhalte über ihn bzw. sie verbreitet wurden. Die männliche Fraktion ist hier mit 22 % etwas häufiger betroffen als die Mädchen (15 %). Auffallend ist, dass der größte Anteil unter den 16 bis 17-Jährigen zu finden ist. Fragt man konkret nach peinlichen Bildern oder Videos, sagen 11 %, so etwas schon einmal erlebt zu haben.

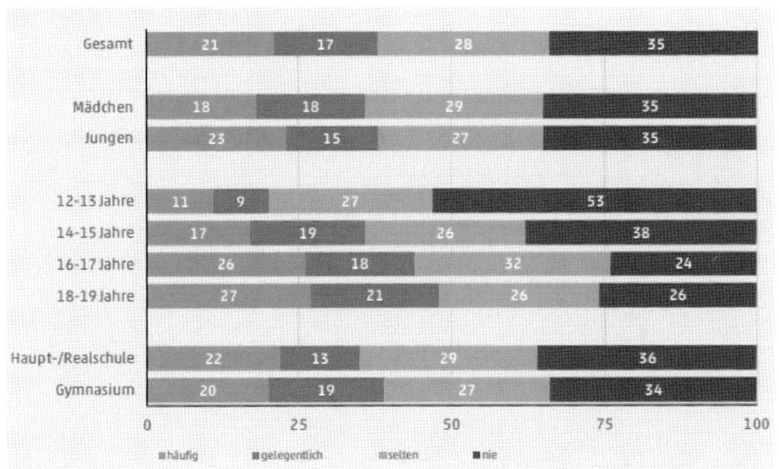

Quelle: JIM 2018, Angaben in Prozent, Basis: alle Befragten, n=1.200

WIE ELTERN DEN UMGANG MIT MEDIEN BEGLEITEN KÖNNEN

Ich glaube, grundsätzlich bewegen sich Eltern und Kinder beim Umgang mit verschiedenen Medien auf komplett unterschiedlichen Planeten. Eltern haben in erster Linie Angst, dass Ihr Kind zu viel Zeit mit Spielen und Surfen verbringt und dass dadurch andere Arbeiten liegen bleiben. Die Kinder informieren sich im Internet, bleiben mit ihren Freunden in Kontakt und spielen vielleicht hier und da einmal ein Spiel. Sie müssen versuchen, die Wichtigkeit dieses Mediums für Ihr Kind zu verstehen. Wir waren früher mehr draußen unterwegs, dafür blieb teilweise auch das Schulzeug liegen. Und nicht zuletzt sind Sie selbst sicher auch mit Ihrem Smartphone im Internet.

Überprüfen Sie einmal für sich selbst, wie oft Sie das Handy im Beisein Ihres Kindes in der Hand haben. Viele Jugendliche regen sich nämlich mittlerweile auch darüber auf, dass die Eltern ständig aufs Handy schauen. Vergessen Sie bitte nicht, auch in der Pubertät sind Sie noch eine Bezugsperson und Kinder lernen durch Nachmachen. Wenn Sie also selbst den ganzen Tag das Handy in der Hand haben und am Abend der Fernseher läuft, können Sie nicht auf Verständnis bei Ihrem Kind hoffen, wenn Sie ihm dieses Verhalten verbieten.

Begleiten können Sie Ihr Kind nur, wenn Sie sich auf seine/ihre Welt einlassen. Sie müssen erst einmal verstehen, womit sich Ihr Kind beschäftigt, welche Serien wichtig sind, welche Spiele es spielt und was sonst noch im Internet wichtig ist. Gehen Sie ohne Vorurteile an die ganze Sache heran. Es ist wenig hilfreich, wenn Sie beim Zeigen eines Spiels direkt sagen, wie idiotisch Sie es finden. Fangen Sie in dieser Phase bereits an, zu kritisieren, wird Ihr Kind Sie kaum noch einbeziehen. Ebenso wenig ist es hilfreich, wenn Sie Ihrem Kind anbieten, gemeinsam das nächste Level in einem Spiel zu knacken oder sich auf den gleichen Netzwerken anzumelden, um Ihrem Kind zu folgen oder sich mit ihm zu verknüpfen. Wenn Ihr Kind also auf einer Site ist, die Sie noch nicht kennen, dann lassen Sie sich von Ihrem Kind erklären, wofür die Site da ist und was Ihr Kind damit anfängt. Manchmal ist es durchaus sinnvoll, später – ohne Ihr Kind – die Seite noch einmal in Ruhe anzuschauen, um eventuelle Gefahren zu finden. Auch Apps oder Spiele können Sie sich bei Bedarf noch genauer zu Gemüte führen, um Schwachstellen zu erkennen.

In jüngeren Jahren sind Kostenfallen eine Gefahr für Ihr Kind. Hier ist es gut, wenn Sie die Spiele kennen, mit denen Ihr Kind sich befasst.

Ist Ihr Kind einmal in die Falle getappt, versuchen Sie, nicht zu schimpfen. Reden Sie mit ihm, lassen Sie sich zeigen, wie es passiert ist, und erklären Sie ihm anhand von praktischen Beispielen, wie das Problem zukünftig umgangen werden kann.

Sie haben Ihrem Kind schon beigebracht, wie man mit seinen Mitmenschen umgeht. Erklären Sie ihm, dass es auf Webseiten und in Chats auch keine anderen Verhaltensregeln gibt. Hier gelten die gleichen sozialen Regeln wie im realen Leben.

Erklären Sie Ihrem Kind zudem, dass es auch in der digitalen Welt Inhalte kritisch hinterfragen muss und nicht alles für bare Münze nehmen sollte. Ähnlich wie bei Wikipedia kann sich im Internet jeder austoben. Hier muss nicht nachgewiesen werden, ob man von etwas Ahnung hat oder nicht. Auch die eigene Meinung wird hier mehr oder weniger unverblümt breit getragen. Das alles ist rechtskonform, so lange es den gesetzlichen Regelungen nicht widerspricht.

Sollte sich Ihr Kind mit einer neuen Seite nicht sicher sein oder wird es von jemandem im Netz angegriffen, müssen Sie als Ansprechpartner zur Verfügung stehen. Sagen Sie ihm, dass es jederzeit zu Ihnen kommen kann, wenn es Probleme geben sollte.

Wichtig ist auch noch, zu erwähnen, dass Ihr Kind nicht jede Kleinigkeit im Netz posten sollte, sondern vorher überlegt, was wo veröffentlicht wird. Als das Internet in die Gänge kam, wurden die Kids davor gewarnt, Partybilder zu veröffentlichen, weil das später bei der Suche nach einer Ausbildung eventuell von einem Personaler gesehen wird und das Kind in die falsche Schublade gesteckt werden könnte. Heute nutzen die meisten Kids schon eher die Statusmeldungen, die nach einem bestimmten Zeitraum wieder verschwinden. Dennoch sollten Sie darauf hinweisen, dass das Internet nichts vergisst.

Veröffentlicht Ihr Kind gern Bilder, weisen Sie darauf hin, dass jedes Bild (oder Video), auf dem auch andere Personen zu sehen sind, nur mit Zustimmung dieser Personen hochgeladen werden darf. Sollte ein Bild von Ihrem Kind unrechtmäßig auftauchen, speichern Sie es ab und fordern Sie denjenigen (oder den Betreiber der Website) dazu auf, das Bild zu löschen.

Außerdem sollten Sie Ihrem Kind erklären, was das Urheberrecht beinhaltet. Viele Kids nutzen das Netz, um Musik zu hören oder Filme zu schauen. So weit, so gut. Sollten Sie aber anfangen, die Daten herunterzuladen, könnte es schon illegal werden. Wenn die Bilder, die Filme oder die Musik dann noch veröffentlicht werden, kommen wir in den strafrechtlichen Bereich. Hier handelt es sich um den Diebstahl von geistigem Eigentum und das kann Geldbußen und sogar Gefängnisstrafen einbringen. Achten Sie darauf, dass Ihr Kind legale Streaming-Dienste und für Bilder Datenbanken mit lizenzfreien Bildern nutzt.

Weitere Informationen finden Sie hier:

https://www.klicksafe.de/eltern/kinder-von-10-bis-16-jahren/

https://www.schau-hin.info/

https://www.ins-netz-gehen.de/ (ein Präventionsangebot für Kinder ab 12 Jahren)

Risiken für Psyche und Körper

Anhand der Statistiken der JIM haben wir ja gesehen, dass die Zeit vor einem Bildschirm relativ hoch ist. Unsere Kinder verbringen fast genauso viel Zeit davor wie in der Schule. Außerdem wurde klar, dass besonders Kinder mit einem niedrigen Bildungsniveau betroffen sind.

Natürlich erleichtern uns die modernen Medien die Kommunikation und die Informationssuche, sodass sie auch Einfluss auf die Schule und die Freizeit haben und uns hier den Weg erleichtern. Auch später im Berufsleben werden die neuen Medien eine relevante Rolle spielen.

Auf der anderen Seite schlagen mittlerweile auch Krankenkassen und Ärzte Alarm. Hier gibt es seit einiger Zeit Auswertungen, aus denen hervorgeht, dass gerade Kinder aus sozial- und bildungsschwachen Familien die neuen Medien übermäßig nutzen. Bei allen Auswertungen wird klar, dass somatische, psychische und auch soziale Folgen zum gesellschaftlichen Problem werden können und das Gesundheitswesen darauf reagieren muss.

Da wir schon ein paar Jahre mit Internet und Co. leben, lesen wir heute von Begriffen wie "Medienmissbrauch", "Abhängigkeit" oder "Mediensucht". Auch in der Presse und der Fachliteratur tauchen mittlerweile immer häufiger Artikel dazu auf. Bisher gibt es allerdings keine allgemeingültige Definition, da der Bereich dann doch noch zu jung ist und die Forschungen noch am Anfang stehen. Es gibt also noch keine klinische Diagnose, was nicht bedeutet, dass das Problem nicht existiert. Angelehnt werden die Arbeitsdefinitionen an die Internetsucht oder an die pathologische Spielsucht – es handelt sich also um einen passiven Konsum zum Spielen oder zur Kommunikation mit Hilfe von Fernsehern, Konsolen, Handys und Computern.

Es gibt aktuell einen Elternfragebogen zum Spielverhalten der Kids, der unter anderem die Reaktion auf Einschränkungen des Spielens beinhaltet, aber auch Gesundheitsverhalten, Stressbewältigung und Sozialverhalten. Bei Internetsucht wird aktuell der "Internet Addiction Test" in neu überarbeiteter Version genutzt oder ähnliche deutschsprachige Varianten.

Seit einigen Jahren stagniert die Zeit vor dem Fernseher bei Kids und Teenies. Ein eigenes Fernsehgerät im Kinderzimmer haben auch immer weniger. Hierzu gibt es durchaus Untersuchungen, die besagen, dass die tägliche Dauer des Fernsehens um eine Stunde gesteigert wird, wenn ein eigener Fernseher zur Verfügung steht. Der Konsum von "entwicklungsbeeinträchtigenden" Filmen verdoppelte sich in diesem Fall und die Eltern haben den Konsum völlig unterschätzt.

Der Internetkonsum ist aber stattdessen angestiegen, wie Sie vorhin schon anhand der Statistiken sehen konnten. Hier warnen Experten vor dysfunktionalem Sozialverhalten, sozialer Ängstlichkeit, verminderter sozialer Intelligenz, Einsamkeit und Depressionen durch die Flucht aus der Realität in die virtuelle Welt.

Doch woher kommen jetzt die steigenden Zahlen? Im Prinzip steht am Anfang die Neugier auf das Neue und die große Welt des Internets. Später kann man ein Gefühl von Kontrolle bekommen, die man im Alltag so nicht hat. Viele Teenies gehen auch aus Frust ins Internet oder, um sich von der Realität abzulenken. Spielende Kinder sieht man nur noch selten draußen. Das liegt sicher nicht zuletzt an sinkenden Geburtenzahlen, aber auch daran, dass die Spielkameraden selbst vor der Konsole hängen. Und dieses Verhalten wird von der Medienlandschaft noch befeuert. Jedes Jahr kommen neue interaktive Spiele auf den Markt, neue Apps werden entwickelt und auch die privaten Fernsehsender passen sich dem Medienkonsum an – gab es früher auch schon so viele Sitcoms und Unterhaltungsshows?

Heute können die Konsumenten von interaktiven Spielen mit sehr realistischen 3-D-Animationen das Gefühl gewinnen, in einer Parallelwelt zu sein. Sie bauen das virtuelle Ich aus, stellen sich Herausforderungen und kämpfen mit virtuellen Freunden gemeinsam gegen Feinde. Das gibt ein Gefühl der Macht und wenn sie gewinnen, wird natürlich wieder das Gehirn angekurbelt, und das Belohnungssystem jubiliert.

Vor kurzem lief ein Film im Fernsehen, der von einem spielsüchtigen Mädchen handelte, das genau diese virtuelle Welt erlebt und ihr verfällt. Der Film heißt Play und kam erst in diesem Jahr heraus. Ich persönlich fand ihn spannend, erschreckend und interessant zugleich. Es ist interessant, zu sehen, welche Strategien die Tochter entwickelt, um spielen zu können. Für sie wird das Spiel zur realen Welt, in der sie leben möchte, weil sie sich dort wohler fühlt als im realen Leben. Es ist auch traurig, zu sehen, wie die Eltern um ihre Tochter kämpfen und mit Sanftheit und Härte versuchen, ihr zu helfen.

PSYCHISCHE FOLGEN

Soziale Integration, Lebensqualität, Körperbild und Selbstwertgefühl

Durch das ständige vorm Handy- oder Bildschirmsitzen, fallen andere Freizeitaktivitäten mit Freunden oder Familienmitgliedern weg. Wer ständig vor dem Fernseher sitzt, kann zwar übers Fernsehprogramm berichten, über mehr aber auch nicht. Damit kann der Kontakt zu Klassenkameraden schwer werden und die Akzeptanz lässt nach. Auch das Körperbild wird anders definiert, da in den Medien ja ständig untergewichtige Models und super muskulöse Männer zu sehen sind. Das entspricht nicht der Realität und wird dennoch als solche angesehen. Nicht nur, dass sich unsere Kinder auf einmal nicht mehr wohl fühlen im eigenen Körper (der sich ja ohnehin gerade verändert), sie bekommen auch noch ein falsches Idealbild vorgegaukelt, dem sie im schlimmsten Fall nacheifern.

So kommt es bei Mädchen zu gestörtem Essverhalten, Diäten und allem, was sie schlanker werden lässt. Jungs könnten zu Steroiden greifen, damit die Muskeln schneller wachsen. Als auf den Fidschi-Inseln das Fernsehen eingeführt wurde, konnte man dort einen Anstieg von gestörtem Essverhalten beobachten. Auf der anderen Seite haben wir die Kinder, die durch Bewegungsmangel zu erhöhtem Gewicht neigen. Auch sie fühlen sich weder körperlich noch psychisch wohl.

Aggressives Sozialverhalten

Wer viel und exzessiv die neuen Medien nutzt, zeigt relativ häufig ein aggressives Verhalten. Ob das nun allein direkt oder indirekt auf die neuen Medien zurückzuführen ist, darf bezweifelt werden. Sie spielen neben anderen Aspekten einfach eine weitere Rolle. Wenn ein Jugendlicher in seinem sozialen Umfeld schon vorbelastet ist (Schulversagen, emotionale Vernachlässigung, Gewalt in der Familie), können aggressive Filme oder Spiele langfristig zu Mustern führen. Das liegt einfach daran, dass er oder sie auf allen für ihn oder sie selbstverständlichen Kanälen das Gleiche vorgelebt bekommt. Sowohl im realen Leben als auch interaktiv gibt es Gewalt oder Niederlagen.

Langfristig führt das dazu, dass dieses Kind glaubt, so sei es normal, und dementsprechend wird es Identifikations- und Handlungsmuster finden, die damit einhergehen. Hier wäre sicher auch eine Intervention der Schule von Vorteil.

Schulische und sprachliche Entwicklung und Aufmerksamkeit

Grundsätzlich zeigen die Untersuchungen keine direkte Auswirkung von extremen Spielen und Internetsucht auf die Aufmerksamkeit. Es gibt Studien, die einen Zusammenhang belegen, andere Studien gehen in die andere Richtung. Fakt ist, dass ein Fernseher im Kinderzimmer bei Vorschulkindern die Sprachentwicklung verzögert.

Hier gibt es ein Risiko von 45 % im Vergleich zu Altersgenossen ohne Fernseher. Auch die kognitive Entwicklung und die Leistungserhöhung in den ersten Schuljahren sind auf diesen frühen Konsum zurückzuführen. So zeigen mehrere Studien, dass spätere Schulabbrecher oft in früher Kindheit bereits selbstständig den Fernseher bedient haben, wohingegen Studenten oft keinen eigenen Fernseher im Zimmer hatten oder erst viele Jahre später. Tatsächlich scheint es wie ein Kreislauf zu funktionieren. Gibt es in der Schule oder später auf der Arbeit Stress, flüchtet man in die Parallelwelt. Damit gibt es aber langfristig auch wieder Stress, weil nicht mehr alle Themen in der realen Welt bedient werden können.

Im Vorschulalter sind pädagogisch wertvolle Sendungen durchaus sinnvoll und diese erzielen auch positive Effekte, zum Beispiel beim Lesen, bei der Kreativität und bei der Ausdrucksfähigkeit. Diese pädagogischen Videos werden aber im Jugendalter nicht mehr angeboten. Bei Jugendlichen sind zum Beispiel gewaltbetonende und nicht jugendfreie Sendungen prognostisch ungünstig. Vor allem bei Jungen können sie mitverantwortlich sein, wenn sie sich Mädchen gegenüber abwertend verhalten und die schulischen Leistungen schlechter werden.

Da man bei Filmen, Videos und Spielen sehr viel vorgegeben bekommt, leidet die eigene Kreativität. Da die Zeit zum Lesen fehlt, kann auch die Sprachentwicklung eingeschränkt werden, natürlich neben dem Lesen und Schreiben ganz konkret. Hinzu kommt noch, dass

WhatsApp und Co. einer ganz eigenen Sprache unterliegen, die nicht immer etwas mit der aktuellen Rechtschreibung zu tun haben muss.

Hier werden viele Abkürzungen verwendet. Auf Groß- und Kleinschreibung wird häufig nicht geachtet. Wer viel liest, merkt sich automatisch die Schreibweise von vielen Wörtern und hat später weniger Probleme mit der Rechtschreibung. Weiterhin werden mittlerweile auch Probleme beim Schlafen (besonders bei der REM-Schlafphase) beobachtet. Die Kinder haben Gedächtnisprobleme und können durch emotionalen Stress (durch Gewalt und Horror in den Medien) nicht mehr so einschlafen wie früher.

KÖRPERLICHE FOLGEN

Schlafmangel und Schlafprobleme

Wie gerade eben schon erwähnt, ist Schlafmangel ein aktuelles Problem. Bedingt durch den Umbau im Gehirn, der später als vorher das Schlafhormon ausschüttet, spielen die Teenies oft bis in die Nachtstunden oder schauen fern. Wenn sie dann endlich ins Bett gehen, wirkt das Gesehene noch nach, sodass an ein schnelles Einschlafen auch dann nicht zu denken ist. Da die Nächte damit immer kürzer werden, reduzieren sich die REM-Schlafphasen. Das sind die Phasen, in denen unser Gehirn das Erlebte sortiert und verarbeitet.

Zu wenig Schlaf führt irgendwann zu Erschöpfung und damit fühlt sich keiner wirklich wohl. Welche Auswirkungen es hat, dass im Schlaf zu wenig verarbeitet werden kann und somit etwas offenbleibt, kann bisher noch keiner so recht vorhersagen. Logisch ist, dass zu wenig Schlaf zu einem Absinken der schulischen Leistungen führt und auch Haltungsschwächen nach sich ziehen kann, weil der Körper nicht fit genug ist und sich in Schutzhaltungen begibt.

Kopfschmerzen und Augenprobleme

Wir wissen alle, dass Bildschirmarbeit auf die Dauer Probleme bereiten kann. Verspannte Nackenmuskeln, Schulter- und Rückenschmerzen und übermüdete Augen sind bei Erwachsenen bekannt. Jetzt betrifft das auch unsere Kinder, denn auch sie sitzen jetzt schon fast genauso viel vor einem Bildschirm wie die Eltern auf der Arbeit. Eine Ermüdung der Augen tritt übrigens bereits nach 2 Stunden täglich ein. Wir Eltern sollten dann eine Pause einlegen, müssen aber danach wieder an die Arbeit. Unsere Kinder zeigen nach verminderter Nutzung weniger gehäuft Kopfschmerzen.

Körperliche Fitness

Zum einen haben wir bei exzessiver Nutzung der neuen Medien einen Bewegungsmangel. Zum anderen wird uns auch noch von der Werbung in den Medien zu Nahrungsmitteln geraten, die wir vielleicht bei ausreichender Bewegung in Maßen essen könnten, aber nicht als Couchpotato. Nicht nur Süßigkeiten und Snacks, sondern auch McDonalds und Co. animieren uns, einmal schnell zu etwas zu greifen, von dem wir wissen, dass es nicht gut für uns ist. Jetzt können wir Erwachsenen uns vielleicht zügeln, aber unseren Kids und Teens gelingt das weniger gut. Oft greifen sie während des Spielens schnell zu Cola und Chips, bevor sie ihr Video oder Spiel unterbrechen und sich in der Küche etwas Richtiges zu Essen machen. So nimmt die körperliche Fitness in Richtung Erwachsenenalter immer weiter ab.

Entgegenwirken können Sie hier natürlich mit schulischen, sportlichen Aktivitäten oder mit einem Sportverein, dem Ihr Kind beitritt. Parallel dazu findet Ihr Kind im Haushalt eben nicht mehr so viele ungesunde Sachen und muss dann zwangsläufig auf andere Dinge zurückgreifen.

Übergewicht

Tatsächlich haben mehrere Untersuchungen gezeigt, dass erhöhter Fernsehkonsum zu Übergewicht führen kann. Berechnet wird das anhand des BMI (Body Maß Index). Der eigene Fernseher im Zimmer erhöht die Prävalenz um das 1.31-fache. Natürlich spielen hier auch die genetischen Vorbelastungen eine Rolle. Eine der Untersuchungen hat gezeigt, dass ein Erwachsener, der mindesten 13 kg abgenommen und sein Gewicht über Jahre hinweg gehalten hat, durchschnittlich auf weniger als 10 Stunden Fernsehkonsum pro Woche kam. Ob die gleichen Probleme bei der Nutzung von Computern auftreten, ist heute noch nicht gut genug belegt.

Metabolisches Syndrom und Diabetes mellitus

Im Prinzip bedingen sich hier viele Dinge miteinander. Fehlernährung und zu wenig Bewegung können zu Störungen im Fettstoffwechsel führen. Sie sind also indirekt eine Folge von zu starker Mediennutzung und damit zusammenhängend von zu wenig anderer Aktivitäten.

In Zukunft kann man damit rechnen, dass in Anamnesefragebögen bei Ärzten auch die Fragen nach dem Medienkonsum verankert sein werden. Je mehr das Problem in den Köpfen der Ärzte landet, umso eher werden auch Eltern in dieser Hinsicht Hilfe erwarten können. Auch an Schulen rüstet man in dieser Hinsicht auf, sodass neben der Aufklärung in Sachen Körper und Sex auch eine Art Medienerziehung stattfinden wird. Zukünftig wird bereits im Vorschulalter informiert und präventiv gegengesteuert, da bekannt ist, dass die Schädlichkeit besonders im Kleinkindalter sehr groß ist. Sind Jugendliche schon in die Falle getappt, gibt es aktive Interventionsstrategien. Mit Kritik können die Kinder bis zu einem Alter von 8 Jahren noch am besten umgehen.

Danach wird es langsam schwieriger, deshalb ist hier die aktive Variante vorzuziehen, auf welche ich im nächsten Kapitel näher eingehe.

Süchtig nach ...

Die biologischen Prozesse und der komplette Umbau im Kopf unserer Jugendlichen machen sie anfällig für Versuchungen aller Art. Das Problem ist, dass genau diese Versuchungen gerade in dem Zeitraum besonders schädlich sind. Man geht heute davon aus, dass der Konsum von schädlichen Substanzen im Jugendalter im Verhältnis zu vielen psychischen Erkrankungen im Erwachsenenalter stehen.

Durch den unbedingten Willen, sich vom Elternhaus abzugrenzen, dem Willen, dazuzugehören, und dem sehr aktiven Belohnungssystem im Gehirn stehen unsere Kinder oft vor schweren Entscheidungen. Da sind Partys, zu denen unsere Kids mit oder ohne unser Wissen gehen. Dort gibt es vielleicht Drogen und Alkohol und die anderen nehmen das Zeug auch. Sie sagen, es ist ungefährlich und man kann es kontrollieren, und da ist ja auch noch der Reiz des Verbotenen. Es ist schwer, da immer Nein zu sagen. Und hat man einmal etwas versucht, ist man ggf. positiv berauscht, die Probleme rücken in weite Ferne, man fühlt sich locker und gut. Warum sollte man das nicht öfter haben?

Sie stehen allerdings nicht allein da. Mittlerweile gibt es viele Beratungsstellen und auch in der Schule wird präventiv auf Gefahren hingewiesen.

ALKOHOL

Im März 2019 wurde die aktuelle Studie der BZgA (Bundeszentrale für gesundheitliche Aufklärung) zum Thema "Der Alkoholkonsum Jugendlicher und junger Erwachsener in Deutschland 2018" vorgestellt. Diese Studien gibt es seit einigen Jahren, sie werden bei Personen zwischen 12 und 25 Jahren bundesweit durchgeführt.

Im Moment verzeichnen wir den niedrigsten Stand seit vielen Jahren. Aktuell geben 8,7 % der Jugendlichen zwischen 12 und 17 Jahren an, regelmäßig (mindestens 1 x pro Woche) Alkohol zu trinken. Im Vergleich zu 2004 ist da eine sehr deutliche Verbesserung zu erkennen, denn damals lag der Wert noch bei 21,2 %.

Bei der nächsthöheren Altersgruppe (18-25 Jahre) ist der Alkoholkonsum auch zurückgegangen, allerdings nicht so signifikant. Haben 2004 noch 43,6 % angegeben, regelmäßig Alkohol zu konsumieren, sind es 2018 nur noch 33,4 %.

Komasaufen oder sich in einen Rausch trinken machen unter den Jugendlichen 13,6 % (2004 waren es 22,6 %) monatlich. Bei den Älteren sind es 37,8 %. Damit schwanken in diesem Bereich die Entwicklungen. Waren es 2004 noch 43,5 % der Befragten, ging zehn Jahre später die Angabe auf 32,8 % zurück.

Die Bundesregierung begrüßt diesen positiven Trend, ist sich allerdings durchaus bewusst, dass auch weiterhin präventiv informiert werden muss. Ziel ist es, den Jugendlichen im Vorfeld schon einen bewussten Umgang mit Alkohol beizubringen und die Folgen des Missbrauchs zu erklären. Um mit der Zeit zu gehen, werden in den nächsten Jahren Peergroups gebildet, bei denen geschulte Gleichaltrige auf Augenhöhe über Probleme und Risiken informieren. Diese Gruppen werden lokal gebildet und können von allen Kindern und Jugendlichen genutzt werden. Bundesweit gibt es mehrere Kampagnen, die sich an unsere Jugendlichen richten. "Alkohol? Kenn dein Limit." ist zum Beispiel eine Variante, die sich an 16- bis 20-Jährige richtet. Auch an Schulen und Kommunen sollen die Angebote weiter ausgebaut werden.

Infoseiten:

www.null-alkohol-voll-power.de (für Jugendliche unter 16)

www.kenn-dein-limit.info (für Jugendliche ab 16)

www.kenn-dein-limit.de (für Eltern)

TABLETTEN, CRYSTAL, AMPHETAMINE UND LEGAL HIGHS

Betroffene schildern ihr Empfinden folgendermaßen: Erst einmal ist alles gut. Probleme? Habe ich nicht mehr. Ich fühle mich stark und überlegen. Ein wunderbarer Zustand. Aber wenn ich wieder herunterkomme, sieht alles ganz anders aus. Die Probleme sind immer noch da und stark fühle ich mich überhaupt nicht mehr. Ganz im Gegenteil. Ich fühle mich eher unsicher und hilflos. Und das sind neue Probleme. Probleme, die aufgrund der Drogen überhaupt erst auftreten. Am Ende wird mir der Führerschein entzogen, die Polizei durchsucht meine Wohnung und verhaftet mich vielleicht noch. Ich bin frustriert und deshalb greife ich wieder zu Drogen – hat ja bisher auch geholfen, um mich besser zu fühlen.

Ein Kreislauf, aus dem man an diesem Punkt allein nicht mehr herauskommt.

Am Anfang ist es keine Sucht. Das kommt erst nach regelmäßigem Konsum. Normalerweise treten im Laufe der Zeit noch weitere Probleme auf, die sogenannte Beschaffungskriminalität. Drogen müssen bezahlt werden und das Geld muss irgendwoher kommen. Das führt zwangsläufig irgendwann zur Bekanntschaft mit der Polizei und im Zweifelsfall zu einem Eintrag in der eigenen Akte. Unabhängig davon kann man zugedröhnt nicht gut lernen und so werden auch die Noten schlechter.

Abhängigkeit ist eine Krankheit. Die Folgen sind für den Körper gravierend. Im Prinzip wird er vergiftet, und das über einen längeren Zeitraum hinweg. Damit können Organe, aber auch Nervenzellen geschädigt werden. Ist man erst einmal in der Sucht, braucht man einen immer größeren Kick, um die ursprüngliche Wirkung zu erzielen. Kann man die

Dosis nicht beschaffen, drohen Entzugserscheinungen wie Schüttelfrost, Übelkeit und Krampfanfälle.

Hier können Sie als Eltern selbst nicht mehr ausreichend helfen, es sei denn, Sie sind Experte für Suchtfragen. Wenden Sie sich an Suchtberater, die kennen sich aus und verurteilen nicht. Natürlich ist es sowohl für Ihr Kind als auch für Sie bescheiden, erst einmal zugeben zu müssen, ein Problem zu haben. Irgendwo hat man ja das Gefühl, als Elternteil versagt zu haben. Dem ist nicht so! Nicht jedes Kind reagiert auf Warnungen und Präventivmaßnahmen, hinzu kommt vielleicht ein ungünstiges soziales Umfeld und am Ende bringt die Summe aller Teile die Sucht zustande. Niemand hat Schuld! Das Problem ist jetzt da und muss mit Hilfe von Experten angegangen werden. Nur so können Sie Ihrem Kind jetzt helfen.

TABAK, SHISHA UND E-ZIGARETTEN

Ähnlich wie beim Alkohol sind auch beim Rauchen die Zahlen rückläufig. Eine Befragung aus 2018 zeigt, dass nur 8,7 % der 12- bis 17-Jährigen rauchen. Eine große Mehrheit hat noch nie geraucht (79,5 %). 2001 ergaben die Untersuchungen noch 27,5 % rauchende Jugendliche. Auch bei den Älteren (18-25 Jahre) gibt es mehr Nichtraucher (39 %) als Raucher (32 %). Allerdings gibt es hier geschlechtsspezifische Unterschiede, so rauchen mehr junge Männer als Frauen. Und auch die Bildung scheint eine Rolle zu spielen, denn Gymnasiasten rauchen weniger als andere Jugendliche. Auch im späteren Alter rauchen mehr Personen mit mittlerer Reife und Hauptschulabschluss.

Ungefähr jeder vierte Teenie hat schon einmal Wasserpfeife geraucht (26,4 %) und jeder siebte hat schon einmal eine E-Zigarette probiert (14,5 %). Die E-Shishas sind noch relativ neu und wurden von 16,2

% probiert. Ab dem 18. Lebensjahr steigen die Zahlen an. Auch hier sind eher die jungen Männer der Versuchung erlegen.

Die Tendenz zu den Wasserpfeifen stagniert bei Jugendlichen seit 2011. Ab der Volljährigkeit nehmen die Zahlen zu. Auch die Nutzung der E-Zigaretten nimmt signifikant zu. Der Konsum von E-Shishas hat sich zwischen 2015 und 2018 nur bei jungen Männern erhöht.

Über die gesundheitlichen Risiken für Raucher werde ich mich jetzt nicht weiter auslassen. Ich denke, hiervon haben Sie alle eine Vorstellung.

Die Bundeszentrale für gesundheitliche Aufklärung warnt vor den Risiken bei elektrischen Zigaretten. Vor Jahren hatten wir das Phänomen der Alkopops und jetzt haben wir ein ähnliches Problem mit den E-Zigaretten. Hier gibt es verschiedene Aromen wie Cola oder Bubble Gum, die den Eindruck vermitteln, es wäre ein harmloses Produkt. Minderjährige dürfen laut Gesetz (§ 10 JuschG) keine E-Zigaretten rauchen. Und trotzdem zeigen die Studien, dass es Jugendliche zwischen 12 und 17 Jahren schon ausprobiert haben. Die Inhalation ist nicht anders als bei normalen Zigaretten. Der Dampf ist nikotinhaltig und schädigt damit genauso.

Hier gibt es Hilfe:

0800 8 31 31 31 (kostenfreie Beratung zur Rauchentwöhnung, auch für Mobilfunk)

CANNABIS

Die Zahlen aus 2018 zeigen, dass jeder 10. Jugendliche im Alter zwischen 12 und 17 Jahren schon einmal mit Cannabis in Verbindung gekommen ist. Ab dem Erwachsenenalter sind es schon 42,5 %. Regelmäßig wird Cannabis allerdings nur von 1,6 % der Jugendlichen konsumiert (häufiger als 10 Mal im letzten Jahr). Auch hier sind die jungen Männer weiter vorn und nutzen Cannabis auch intensiver.

Grundsätzlich steigen die Zahlen des Cannabiskonsums im Vergleich zu 2011. Betrachtet man die Gruppe der jungen Erwachsenen, ist der Konsum so hoch wie noch nie seit Beginn der Befragungen 1993.

WIE KÖNNEN ELTERN HELFEN?

Ich habe hier natürlich die schlimmste anzunehmende Variante geschildert. Zwischen dem ersten Versuchen und der Sucht liegen Welten. Wichtig ist, mit Ihrem Kind in Kontakt zu bleiben.

Am Anfang machen die meisten Kinder eher negative Erfahrungen. Das Bier schmeckt bitter, die Zigarette kratzt im Hals und von zu viel Alkohol wird einem schlecht. Und doch faszinieren die Drogen. Das liegt daran, dass den meisten Drogen ein chemischer Stoff zugrunde liegt – Dopamin. Dopamin ist für unser Glücksgefühl verantwortlich und wer möchte denn nicht glücklich sein? Allein die ersten Berührungen mit Alkohol oder anderen Drogen machen aber nicht süchtig.

Obwohl die aktuellen Statistiken zeigen, dass der Konsum sowohl von Alkohol als auch von Zigaretten rückläufig ist, kann keine Entwarnung gegeben werden. Ihr Kind wird zwangsläufig mit der einen oder anderen Droge in Verbindung kommen. Das können Sie gar nicht verhindern. Irgendwann kommt Ihr Kind von einer Party nach Hause, ist betrunken und die Klamotten riechen nach Rauch. Verfallen Sie bitte nicht direkt in Panik. Einmalige Ausrutscher sind nicht gleichbedeutend mit einer Sucht. Sie haben nicht direkt einen Drogenjunkie oder Alkoholiker im Haus. Ihr Kind probiert sich und andere Dinge aus.

In einem intakten Umfeld ist das Risiko, dass Ihr Kind zu harten Drogen wie Koks oder Heroin greift, sehr gering. Ihr Kind hat einfach nicht so viel Ansporn, sein Leben durch Drogen und Alkohol zu “verbessern”. In einem intakten Umfeld gibt es andere Möglichkeiten, mit Problemen umzugehen, und es wurde ihm ja auch nicht vorgelebt.

Ähnlich wie der Umgang mit den neuen Medien und der Sexualität ist auch hier Aufklärung das Mittel der Wahl. Statt mit erhobenem Zeigefinger zu lamentieren, sollten Sie Ihrem Kind mit Tipps zur Seite stehen. Je nach Alter Ihres Kindes erzählen Sie doch mal von Ihren eigenen Erfahrungen. Damit werden Sie für Ihr Kind menschlich und es versteht viel besser, worüber Sie sprechen. Im besten Fall entsteht ein Dialog auf Augenhöhe. Voraussetzung hierfür ist allerdings, dass Sie auch eine gewisse Kompetenz vorweisen können.

Informieren Sie sich zu den aktuellen Trends, holen Sie sich Infomaterial aus Beratungsstellen oder aus dem Internet und erkundigen Sie sich über die Gefahren, die von den einzelnen Drogen ausgehen können. Hat Ihr Kind das Gefühl, dass Sie wissen, worüber Sie sprechen, kommt es gegebenenfalls auch später noch einmal auf Sie zu. Zumindest hat es Vertrauen, dass es sich jederzeit an Sie wenden kann.

Grenzen und Grenzüberschreitungen

Hier geht es jetzt um einen Drahtseilakt. Wir Eltern fühlen uns gerade in dieser turbulenten Zeit manchmal machtlos und versuchen irgendwie, das Ruder wieder herum zu reißen. Wie gebe ich meinem Kind Freiräume und Halt zur gleichen Zeit? Und wie gehe ich mit meiner eigenen Angst, zu versagen, um?

In der Pubertät gibt es immer Konflikte. Manche Eltern haben das Gefühl, in einer Art Dauerkonflikt zu stecken. Aber genau diese Entwicklung ist wichtig. Unsere Kinder entwickeln sich weiter und wollen sich von uns lösen. Wie sollte das ohne Auseinandersetzungen gehen? Die gesamte Eltern-Kind-Beziehung wird neu definiert und keiner weiß so richtig, was am Ende dabei herauskommt. Fakt ist, viele haben es überstanden und diese Kämpfe sind niemals aussichtslos. Fakt ist aber auch, dass es kein Patentrezept gibt für diese Zeit, weil jedes Kind und jeder Erwachsene anders ist und anders damit umgeht.

PRIVATSPHÄRE

Ich habe einmal einen Artikel von Jan-Uwe Rogge (Erziehungsexperte) gelesen und den möchte ich hier gern wiedergeben, weil ich das Beispiel so wunderbar finde. Er sagt, dass der Hummer das einzige Tier ist, was eine Pubertät durchlebt. Bei ihm wächst zunächst das Fleisch und danach der Panzer. Damit er diese Zeit übersteht, verkrümelt er sich in tiefe dunkle Höhlen am Boden des Meeres. Hier kann er bleiben, bis alles einigermaßen überstanden ist.

Ich finde diese Metapher sehr bildlich. Der Hummer ist gerade Ihr Kind und seine Höhle ist das Kinderzimmer. Hierhin zieht es sich zurück, wenn es vor allem Ruhe braucht (wobei Ruhe hier nicht gleichbedeutend mit Stille ist). Gerade am Anfang der Pubertät sind unsere Kinder tatsächlich sehr verletzlich und wachsen erst einmal außerhalb. Der Panzer – in dem Fall das Gehirn – zieht erst später nach.

Wenn wir über Grenzen sprechen und über die Überschreitung dieser, dann betrifft das auch uns Eltern. Auch wir müssen neue Grenzen lernen, besonders, was die Privatsphäre unserer Kinder betrifft.

Eltern können schon heftig neugierig sein. Sie schnüffeln in Schubladen, schauen ins Handy oder lesen sogar das Tagebuch ihrer Kinder. Manche Eltern verfolgen ihr Kind auch noch beim ersten Treffen mit dem Schwarm. Unabhängig davon, dass das Postgeheimnis auch für Eltern gilt, und zwar für Briefe, Tagebücher, E-Mails und andere Nachrichten, wollen Eltern ja nur sicher gehen, dass ihrem Kind nichts passiert. Sie wollen es beschützen. Aber so geht es nicht. Ich habe erst vor kurzem mit einem Bekannten gesprochen, dessen Sohn 12 Jahre alt ist und so langsam in das Alter kommt, in dem er sich abgrenzen möchte.

Der Sohn hat am Wochenende abends noch mit der Konsole gezockt und war irgendwann müde und ist ins Bett gegangen - nicht, ohne vorher noch auf seinem Handy einen Film auf YouTube anzumachen. Eine halbe Stunde später war er eingeschlafen und so fand ihn sein Vater. Er nahm das Handy und statt es auszumachen, schaute er, was sein Sohn so getrieben hat. Das ist Kontrolle und es wäre die Hölle zugefroren, wenn sein Sohn ihn erwischt hätte.

Ich habe ihn einmal gefragt, was er davon halten würde, wenn sein Sohn das Handy des Papas heimlich kontrollieren würde. Seine Antwort war ausweichend: “Er ist doch selbst schuld, wenn er das Handy anlässt und einschläft. Ich muss es doch ausmachen”. Ganz ehrlich: NEIN. Er kann das Handy gern ausmachen, aber dabei stolpert man nicht zufällig über WhatsApp-Nachrichten und andere Dinge. Ich habe ihn gewarnt, dass, wenn er weiter so macht, er zwangsläufig eines Tages etwas finden wird, das ihn sehr verstören kann.

Und wie reagiert er wohl dann? Schließlich darf er ja gar nichts davon wissen. Also entlarvt er sich entweder selbst, indem er zugeben muss, im Handy geschnüffelt zu haben, oder er muss einen anderen Weg finden, zufällig auf dieses Thema zu sprechen zu kommen. Beides macht nur mehr Stress, als nötig ist.

In diesem Beispiel und vielen anderen Fällen ist die Kommunikation wichtig. Leider läuft es in vielen Familien etwas anders. Kinder verbarrikadieren sich regelrecht in ihrem Zimmer, weil sie kein Vertrauen mehr zu den Eltern haben, und die Eltern reagieren darauf mit noch mehr Misstrauen. Dieser Teufelskreis sollte gar nicht erst entstehen.

Klären Sie die Fronten. Nur so können Sie gemeinsam Missverständnisse aus dem Weg räumen. Ihr Kind und Sie müssen den Raum haben, klar und deutlich zu sagen, was stört und was geändert werden muss. Vielleicht hat die Mama das Zimmer gar nicht durchsucht, sondern einfach nur ein bisschen aufgeräumt. Und dem Papa war gar nicht wirklich bewusst, dass er hier eine Grenze überschreitet. Ihr Kind wird langsam erwachsen und will seine Dinge allein regeln. Sie müssen darauf vertrauen, dass es zu Ihnen kommt, wenn es Probleme gibt.

Um gar nicht erst in die akute Problematik zu kommen, stellen Sie alle gemeinsam Regeln auf. Wenn Ihr Kind keinen eigenen Rechner hat und den Familien-PC nutzt, richten Sie ihm ein passwortgeschütztes Benutzerkonto ein. Und nein, Sie werden das Passwort nicht kennen. Je nach Alter können Sie aber Beschränkungen einbauen, sodass Ihr Kind nicht auf alle Inhalte des Internets zugreifen kann. Das aber bitte auch mit dem Kind zusammen machen oder nach vorheriger Erklärung, warum diese Einschränkung nötig ist. Wenn Sie nun für sich selbst auch noch ein eigenes Benutzerkonto einrichten, gehen Sie sicher, dass Ihr Kind dann nicht einfach Ihre freie Variante wählt.

Oftmals hilft tatsächlich das ganz konkrete Aussprechen der Ängste von Eltern. Ihr Kind hat das Gefühl, Ihnen nicht mehr vertrauen zu können, aber warum ist das so? Erklären Sie Ihrem Kind, warum Sie verunsichert sind und worüber Sie sich Sorgen machen.

Natürlich muss auch das Kind an sich arbeiten. Ist Ihr Kind unzuverlässig oder lügt es Sie an, ist Ihr Vertrauen zurecht erschüttert. Aber auch das müssen Sie dann ansprechen. Manchmal haben Eltern Angst, dass das Kind an die falschen Freunde gerät. Die einfachste Lösung ist hier, dass Ihr Kind die Freunde einmal mit nach Hause bringt oder Sie die Freunde einmal bei gemeinsamen Aktivitäten kennenlernen. Manche Kinder zeigen Ihren Eltern nach so einem Gespräch auch einmal Ihren Chatverlauf, weil sie verstanden haben, dass alles auf einem Missverständnis beruht. Schlussendlich fangen Eltern ja aus Verunsicherung heraus an, zu spionieren. Wenn die Jugendlichen offener mit den Eltern umgehen würden, müssten diese weniger spekulieren und die ganze Sache wäre für alle Beteiligten einfacher.

Bevor Sie also Ihre Neugier im Kinderzimmer oder mit dem Handy Ihres Kindes befriedigen, stellen Sie sich einmal vor, wenn es umgekehrt wäre, wenn Ihr Kind heimlich in Ihre Sachen schaut. Wie würden Sie sich fühlen? Wie würden Sie reagieren? Gehen Sie offen mit Ihren Ängsten um und sprechen Sie lieber mit Ihrem Kind. Das ist der bessere Weg.

Wenn alle Stricke reißen und die Situation total verfahren ist, dann gibt es Beratungsstellen, die Sie gemeinsam mit Ihrem Kind aufsuchen können. Hier vermitteln geschulte Personen zwischen Eltern und Kindern. Im Übrigen dürfen sich natürlich auch die Kinder an diese Stellen wenden, wenn sich die Eltern so gar nicht gesprächsbereit zeigen.

MANCHMAL IST KONTROLLE GERECHTFERTIGT

In den meisten Fällen stellt sich die Angst der Eltern als unbegründet heraus. Aber es gibt Ausnahmen. Haben Sie den Verdacht, dass Ihr Kind Drogen nimmt oder gar selbstmordgefährdet ist, dann ist Kontrolle gut. Sobald es in Richtung Gefährdung des Kindes geht, dürfen Eltern in die Privatsphäre eingreifen – aber nur dann!

GRENZEN UND REGELN

Bei mir im Haushalt galten schon immer Regeln und es gab immer Grenzen. Natürlich muss man diese Grenzen erweitern, je nach Alter des Kindes. Ich habe diese Regeln auch immer gemeinsam mit meinem Kind abgestimmt und sie galten für uns beide.

Ein Beispiel: Mein Kind sollte zu einer gewissen Zeit zu Hause sein (in der Woche anders als an den Wochenenden oder Ferien). Das war klar. Sollte etwas dazwischenkommen und es verspätet sich, dann sollte mein Kind mir Bescheid sagen, damit ich mir keine Sorgen mache. Und es gab das akademische Viertel. Es passierte nichts, wenn es einmal eine viertel Stunde später kam als angesagt. Ich kenne das ja auch von mir, da verpasst man einmal die Straßenbahn oder verquatscht sich doch noch kurz. Alles kein Problem. Diese Regel galt auch für mich. Sagte ich meinem Kind, dass ich mich nach der Arbeit noch mit einer Freundin treffe und erst um 20 Uhr da bin, dann musste natürlich auch ich Bescheid sagen, wenn es später wird. Schließlich würde sich ja mein Kind genauso Gedanken machen, wo ich bleibe. Natürlich war mein Kind zu dem Zeitpunkt schon alt genug, um allein zuhause klar zu kommen, das ist ja die Grundvoraussetzung.

Nachdem mein Kind sich mehrfach verquatscht oder direkt drei Straßenbahnen verpasst hatte und nicht Bescheid sagte, führten wir einige Gespräche. Ich versuchte, zu erklären, warum ich mir Sorgen mache, was für Gefahren draußen lauern und so weiter. Nicht, dass ich das vorher nie erwähnt hätte, es schien nur wieder aus dem Kopf meines Kindes gerutscht zu sein. Nachdem auch mehrere Gespräche nichts brachten, drehte ich den Spieß um. Ich sagte meinem Kind, dass ich mit einer Kollegin noch in die Stadt gehe und um 21 Uhr zuhause sein werde (Essen war vorbereitet, es war ein Freitag und mein Kind wollte zuhause bleiben). Ich war natürlich mit keiner Kollegin verabredet. Ich wollte meinem Kind einfach einmal vor Augen führen, wie es so ist, wenn man zuhause sitzt und sich Sorgen macht. Sie glauben gar nicht, wie viel Stress es mir gemacht hat, nicht um 21 Uhr zuhause zu sein.

Ich habe ständig auf die Uhr gesehen, wann ich endlich nach Hause kann. 21:15 Uhr rief mich mein Kind an, wo ich denn bleiben würde. Ich tat ganz überrascht, "was, schon so spät", und, "ja ich mach mich auf den Weg". Danach folgten im 10-Minuten-Takt Nachrichten von meinem Kind. 21:45 Uhr kam ich zur Wohnungstür herein und mich erwartete eine Schimpftirade. Was das denn soll und sie hat sich schließlich Sorgen gemacht und das kann ich doch nicht machen... Ich habe mich reumütig entschuldigt. Sie kam nie wieder zu spät, ohne sich zu melden ;-).

Ein anderes Beispiel ist das Wäschewaschen. Auch bei uns gab es ab einem bestimmten Zeitpunkt die Regel, dass das Kinderzimmer für mich tabu ist. Ist die Tür geschlossen, klopfe ich an und warte auf eine Reaktion. Das haben wir gemeinsam so entschieden. Das Gleiche galt dann auch für mein Schlafzimmer. So eine Tabuzone bringt es allerdings mit sich, dass Eltern ihren Aufgaben nicht mehr so einfach nachgehen können. Wenn ich nicht ins Kinderzimmer darf, wie kommt dann die Wäsche meines Kindes in die Waschmaschine?

Auch hier haben wir eine Lösung gefunden. Alles, was im Wäschekorb im Kinderzimmer liegt, wird gewaschen. Da meinem Kind die

Privatsphäre zurecht wichtig war, habe ich mich natürlich dann auch geweigert, die Sachen vom Boden aufzuheben. Zum einen könnten ja tatsächlich Zettel in den Hosentaschen sein, die mich nichts angehen, und zum anderen sollte vielleicht genau diese Hose am nächsten Morgen noch einmal getragen werden. So erspart man sich viel Zeit und Ärger. Ab diesem Zeitpunkt habe ich also tatsächlich nur noch die Sachen gewaschen, die im Wäschekorb lagen. Natürlich habe ich meinem Kind eine Info gegeben, dass ich nach der Arbeit Wäsche wasche. So hatte sie die Möglichkeit, nach der Schule die Klamotten noch schnell in den Korb zu legen.

Grundsätzlich hat das prima funktioniert. Natürlich gab es hier und da Gemaule, weil das eine Oberteil gewaschen werden sollte, da doch am nächsten Tag eine Party ist und sie es braucht. In solchen Fällen habe ich mich immer auf die klare Regel berufen. Lag es im Korb? Nein, dann kann es auch nicht gewaschen sein. Dennoch haben wir dann den Kompromiss gefunden, dass wir das Shirt schnell mit der Hand durchgewaschen haben oder noch genug Kapazitäten für eine volle Maschine da waren. Ich musste meinem Kind allerdings auch mehr als einmal erklären, dass ich keine Waschmaschine anmache, wenn sie nicht mindestens halb voll ist.

In diesem Tenor sind wir zwei durch die Pubertät geschlittert. Wir haben Regeln aufgestellt und auch geklärt, welche Konsequenzen es hat, wenn die Regeln nicht eingehalten werden. Bei den Konsequenzen müssen Sie sich bewusst sein, dass Sie sie auch einhalten und einhalten können. Nehmen Sie Ihrem Sohn das Handy weg, können Sie ihn auch nicht mehr erreichen. Kappen Sie das Internet, können auch Sie nicht mehr Surfen und Ihr Kind will vielleicht bespaßt werden, weil es auf einmal Freizeit hat und nicht weiß, wohin mit sich – oder es kommt mit der Logik, dass es jetzt keine Hausaufgaben machen kann, weil ja die

Informationsquelle fehlt. Sie werden feststellen, wie einfallsreich Ihre Kinder werden.

Bitte machen Sie nur solche Konsequenzen aus, die Sie auch abfedern können. Zum einen muss kontrolliert werden, dass sie eingehalten werden, und zum anderen müssen Sie sich darüber bewusst sein, dass es auch auf Sie Auswirkungen hat. Sie müssen standhaft bleiben, auch wenn es Ihnen manchmal in der Seele weh tut. Kippen Sie um, machen Sie sich unglaubwürdig.

Mein Kind hat mir später (mit 23 Jahren) einmal gesagt, dass sie es damals oft gehasst hat, dass ich bei grundsätzlichen Dingen nie habe mit mir diskutieren lassen – zumindest nicht, wenn es ihr gerade so passte. Sie wusste, einmal Nein heißt Nein. Und trotzdem ist sie mir im Nachgang dafür dankbar, weil sie sich darauf verlassen konnte, was ich gesagt habe. Es gab klare Ansagen und die blieben bestehen. Da war kein heute so und morgen so. Es war ein fester Bestandteil in ihrem Leben, auf den sie sich immer und zu jeder Zeit verlassen konnte.

Ein klares Nein ist zwar unangenehm, aber es bietet auch Sicherheit, weil es eine Grenze darstellt. Bleiben Sie hier nicht klar und geben immer wieder nach, unterstützen Sie das respektlose Verhalten Ihres Kindes. Auch deshalb sind klare Grenzen im Vorfeld wichtig, damit Sie nicht irgendwann selbst kopflos und aus Verzweiflung Ihr eigenes Kind anschreien. Kinder brauchen die Zuwendung und das Interesse der Eltern und manchmal eben auch den Schutz, der durchaus mit einem klaren Nein ausgedrückt werden kann.

Genau hier setzen auch Erziehungswissenschaftler an. Für die Kinder und Jugendlichen ist es wichtig, sich zu streiten und sich mit den Eltern auseinanderzusetzen. Lasche Regeln, die sich ändern wie die Windrichtung, bieten dazu keine Möglichkeit. Kann sich ein Teenie aber nicht über festgelegte Dinge aufregen, wird er andere Provokationen suchen, mit denen er sich abgrenzt, und das könnte dann weitaus schlimmer werden als eine lautstarke Diskussion mit geknallten Türen. Wichtig ist hier aber im Vorfeld, dass die Regeln und Grenzen gemeinsam abgesteckt werden und realistisch sind. Denn dann bieten Sie Halt und Orientierung statt Strafen, Verbote oder Bevormundungen, auf die unsere Pubertiere nur mit Trotz oder Aggression reagieren.

Versuchen Sie erst gar nicht, es Ihrem Pubertier recht zu machen. Sie schaffen es ohnehin nicht. Versuchen Sie es aber auch nicht mit Verboten. Setzen Sie so wenige Verbote wie möglich ein. Denn auch wir Erwachsenen wissen, dass Verbote einen ganz speziellen Reiz ausüben. Gehen Sie über Regeln, die gemeinsam beschlossen werden, passen Sie die Regeln auch gemeinsam neu an, wenn nötig, und bleiben Sie konsequent. Bieten Sie Ihrem Kind klare Grenzen, aber auch emotionale Nähe und Zuwendung. Sie wirken quasi wie die Leitplanken auf der Autobahn. Sie geben rechts und links Schutz und einen Rahmen, in dem sich Ihr Kind frei bewegen kann. Diese Grenzen wird Ihr Kind aber nur wirklich annehmen, wenn es dauerhaft von Ihrem Interesse, Ihrer Aufmerksamkeit und Ihrer Zuwendung überzeugt ist.

Natürlich wird Ihr Kind trotz guten Willens die Regeln ab und an durchbrechen wollen. Damit überprüft es seine Beziehung zu Ihnen. So wie schon in früheren Trotzphasen werden die Grenzen eben ausgetestet. Ihr Kind will wissen, wann die Grenze der Belastbarkeit bei Ihnen erreicht ist. Es sucht klare Rückmeldungen, Orientierung und Zuverlässigkeit. Seien Sie sich sicher, es geht nicht darum, Sie absichtlich zu ärgern. Bleiben Sie gelassen, aber klar und konsequent.

MIT BELEIDIGUNGEN UMGEHEN

Auch die nettesten Kids flippen irgendwann einmal richtig aus. Dann werden Sie verbal angegriffen, beleidigt und heruntergemacht.

Reagieren Sie nicht darauf, kann dies noch verstärkt werden. Natürlich können Überhören und Ignorieren mitunter ein pädagogisches Mittel sein, wenn Ihr Kind danach aufhört. Fängt Ihr Kind jedoch an, Sie als Person herabzuwürdigen, dann sollten Sie in jedem Fall reagieren.

Kein Stopp an dieser Stelle ist die Aufforderung zum Weitermachen. Die nächste Variante ist dann vielleicht aggressives Verhalten gegenüber Gegenständen oder Personen. Machen Sie Ihrem Kind unmissverständlich klar, dass dieses respektlose Verhalten nicht toleriert wird. Mit einem Satz wie, "Ich möchte nicht, dass du so mit mir umgehst. Hör sofort damit auf, das verletzt mich", machen Sie Ihren Standpunkt klar. Versuchen Sie, trotz Wut und Enttäuschung ruhig zu bleiben und nicht zu schreien. Ihr Kind muss verstehen, dass es Ihnen gerade weh tut und an dieser Stelle ein Stoppschild steht.

Der oben schon erwähnte Jan-Uwe Rogge hat ein Buch geschrieben, "Pubertät - Loslassen und Haltgeben", das wohl einige wertvolle Tipps und Beispiele enthält. Ich habe es selbst nicht gelesen, aber wenn es Sie interessiert, können Sie ja einmal hineinschauen.

Vertrauen und Selbstwertgefühl

Auch wenn Ihr Kind ganz cool tut, stehen Selbstzweifel auf der Tagesordnung. Das ist völlig normal und gehört zur Identitätsentwicklung dazu. Unsere Kinder definieren sich komplett neu und lösen sich vom Elternhaus. Sie suchen Bestätigung bei Gleichaltrigen und wollen dort akzeptiert werden. Natürlich sind sie unsicher, welche Reaktionen sie bei anderen auslösen, und das ist auch völlig in Ordnung. Auch Ihr Kind muss sich selbst neu kennen- und vertrauen lernen. Es muss schauen, welche Schwächen und Stärken es hat und es muss auch seine Macken akzeptieren. Je eher das passiert, umso zuversichtlicher wird Ihr Kind in die Zukunft schauen.

Wenn das Selbstvertrauen fehlt

Mangelndes Selbstvertrauen können Sie an verschiedenen Verhaltensweisen erkennen. Findet Ihr Kind sich nicht hübsch und glaubt es, dass es viele Dinge ohnehin nicht schaffen kann? Oder vergleicht es sich ständig mit anderen und glaubt, weniger wert zu sein? Gibt Ihr Kind schnell auf oder will es keine Komplimente hören? Das alles können Anzeichen dafür sein, dass Ihrem Kind das Selbstvertrauen fehlt und etwas geändert werden muss.

Wichtig ist, dass Ihr Kind Rückhalt in der Familie findet. Eltern müssen Ihrem Kind den Rücken stärken und mit gutem Vorbild vorangehen. Seien Sie klar und unterstützen Sie Ihr Kind, um dessen Selbstbild zu verbessern.

DU KANNST AUF MICH ZÄHLEN

Zeigen Sie Ihrem Kind, dass es immer auf Sie zählen kann. Auch wenn Sie immer einmal wieder einen Korb bekommen und Ihr Kind gerade nicht mit Ihnen über seine Probleme sprechen möchte, bleibt eines festzuhalten: Teenies brauchen feste Bezugspersonen, von denen sie sich angenommen und geliebt fühlen, und zwar so, wie sie sind. Zeigen Sie, dass Sie an Ihrem Kind interessiert sind, hören Sie ihm zu und nehmen Sie seine Gefühle bitte ernst. Viele Eltern denken oft, Ihr Kind hat gerade einmal wieder so eine Laune. Nein, es ist keine Laune. Es ist Ihrem Kind ernst und was immer es gerade beschäftigt, es ist jetzt und es kreist in seinem Kopf. Auch wenn das Problem vielleicht morgen tatsächlich wieder vergessen ist, so ist es jetzt im Moment wichtig für Ihr Kind. Also hören Sie zu, auch wenn Sie – mit Ihrer Erfahrung – wissen, dass es nur eine Lappalie ist.

Ihr Kind sieht das anders. Wenn Sie Verständnis zeigen und die Gefühle Ihres Kindes nicht übergehen, dann lernt Ihr Kind auch leichter, sich selbst anzunehmen.

SICH SELBST LIEBEN LERNEN

Wir Menschen vergleichen uns mit anderen. Das machen wir als Kinder und auch noch als Erwachsene. Dieser Prozess ist uns sozusagen in die Wiege gelegt worden und wir müssen irgendwann lernen, damit umzugehen. Als Kinder lernen wir durch Abschauen. Wir beobachten unser Umfeld und ahmen nach. Das ist nichts anderes als der Vergleich mit anderen. Mit der Zeit wird es zu einem völlig normalen Verhalten und es läuft komplett unbewusst ab. Wenn wir älter werden, laufen wir durch die Gegend, nehmen Menschen oder Situationen wahr und gleichen Sie mit dem ab, was wir haben oder kennen.

Das Problem daran ist, dass wir oft nur die vielen schönen Dinge sehen, die die anderen haben und wir nicht. Übertragen auf Ihr Kind bedeutet das jetzt, dass es zum Beispiel sieht, wie die Klassenkameradin spielend leicht Vokabeln lernt oder wie der Typ vorn in der Reihe Muskeln entwickelt. Ihr Kind sieht nur, dass es bei ihm nicht so ist. Es versucht, den anderen nachzueifern, und wird erkennen müssen, dass das nicht funktioniert.

Hier können Sie eingreifen. Zeigen Sie Ihrem Kind seine/ihre Stärken auf. Erklären Sie ihm, dass niemand perfekt ist. Halten Sie ihm/ihr vor Augen, dass die Maßstäbe für seine Leistungen vielleicht verändert werden müssen. Oft hilft es, wenn Ihr Kind einmal wieder an sich zweifelt, den Spiegel vorzuhalten. Fragen Sie Ihr Kind, wie es reagieren würde, wenn ein Freund genau das erleben würde. Was würde Ihr Kind dem Freund raten? Würde es den Freund trösten oder schlecht machen?

So können Sie Ihrem Kind zeigen, dass es einen ganz besonderen Wert hat und ein Individuum ist.

LOBEN LERNEN

Dieses Thema hatten wir weiter oben schon einmal, als ich über die Motivation Ihres Kindes gesprochen habe. Deshalb führe ich das hier nicht noch einmal in allen Einzelheiten aus. Wichtig ist, dass Sie immer ehrlich loben und das Lob auf die Anstrengung Ihres Kindes konzentrieren. Es ist ein Unterschied, ob ich sage, "Du bist ein toller Klavierspieler!", oder, ob ich sage, dass mir das Konzert total gut gefallen hat. Beim Klavierspieler könnte ich schon wieder unbewusst eine Erwartungshaltung schüren, sodass sich mein Kind vielleicht selbst unter Druck setzt und beim nächsten Mal noch besser sein will. Hat mir aber das Konzert gefallen, dann ist alles prima. Alles, was bei Ihrem Kind ankommen muss, ist: Das hast du toll gemacht.

WIDERSTANDSKRAFT FÖRDERN

Ihr Kind muss lernen, mit Misserfolgen umzugehen und Erfolge anzunehmen. Wichtig ist, dass es sich nicht selbst klein macht, wenn einmal etwas nicht funktioniert. Bringen Sie Ihrem Kind bei, dass es wichtig ist, Fehler zu machen, weil man nur so daraus lernen und sich weiterentwickeln kann. Niederlagen sind zwar in dem Moment bitter, aber sie helfen uns, es beim nächsten Mal anders zu machen. Wenn Ihr Kind das verstanden hat, wird es Krisen besser wegstecken und irgendwann sogar als Chance sehen.

SELBSTVERTRAUEN STÄRKT DIE SELBSTSICHERHEIT

Jeder möchte gern selbstsicher auftreten. Ob man in der Schule an die Tafel oder eine Präsentation zeigen soll, Selbstsicherheit ist an dieser Stelle äußerst hilfreich. Hat Ihr Kind seinen Wert als Person erst einmal verstanden und kennt es seine Fähigkeiten, kann es auch im Vorfeld besser einschätzen, ob die Ziele realistisch sind und die Herausforderung gemeistert werden kann.

Denn Selbstsicherheit heißt nicht wie X-Man alles zu können, sondern sich zuzutrauen, was man erreichen kann – man traut sich, man kann das. Es dauert ein wenig, aber man kann das erlernen.

Nachwort

Viele Eltern denken, wenn ihre Kinder in die Pubertät kommen, dann ist die Erziehung erledigt, weil man Jugendliche nicht mehr erziehen kann. Ich persönlich sehe das ein wenig anders. Ich glaube, gerade in dieser Zeit brauchen uns unsere Kinder noch einmal ganz besonders. Unsere Rolle wandelt sich vom Erzieher zum Ratgeber und Begleiter. Und genau solche Personen sind wichtig.

Die Form der Erziehung wird sich wandeln. Wir gehen von der ERziehung zur BEziehung. Wir Eltern diktieren keine Regeln mehr, wir gehen dazu über, zu verhandeln und Kompromisse zu finden. Es wird mehr diskutiert und auch dafür sind wir Eltern wichtig. Wir können unseren Kindern beibringen, wie man sich für seine Ziele einsetzt und das nicht immer alles geht, was man möchte. Wir sind wichtig als Partner, der seine Meinung vertritt und sich nicht scheut, diese seinem Kind auch näher zu bringen, wohl wissend, dass das nicht immer auf offene Ohren stößt. Manche Eltern denken, dass Sie nur genug Regeln und Appelle in das Kind hineinstecken müssen, damit am Ende das Richtige dabei herauskommt. Aber so funktioniert es nicht. Wir "erziehen" weiter durch Vorleben und Präsenz.

Bleiben Sie klar und transparent in Ihren Entscheidungen, nehmen Sie nicht alles persönlich, bleiben Sie bei Auseinandersetzungen gelassen und interessieren Sie sich für Ihr Kind.

Ich habe Ihnen in diesem Ratgeber ein paar Beispiele gegeben, wie man mit bestimmten Situationen umgehen kann. Das sind keine Handlungsanweisungen, weil das nicht funktionieren würde. Kinder und Familien sind verschieden. Deshalb beschränke ich mich auf Anregungen, Tipps und Ideen für eine möglichst interessante Zeit des Lebens auf der Baustelle.

Wir danken Ihnen für Ihr Interesse und Ihr Vertrauen. Als Dankeschön dafür, haben wir eine besondere Überraschung. Wir haben **100 Fakten rund um die Pubertät**, nur für Sie. Und diese erhalten Sie vollkommen kostenlos. Das klingt wunderbar? Dann warten Sie nicht lange und holen Sie sich Ihr Gratis-Geschenk.

Hier geht es zu Ihrem Gratis-Geschenk:

https://forms.gle/VQ6XYUYht2xMJ52F7

1. **Öffnen Sie die Kamera-App auf Ihrem Smartphone und richten Sie die Kamera auf den QR-Code.**
2. **Klicken Sie auf den Link, der Ihnen angezeigt wird und schon werden Sie zur Website weitergeleitet.**

Impressum

Herausgeber: Pegoa Global Media GmbH / Am Sandtorkai 27 / 20457 Hamburg
Kontakt: kontakt@pegoamedia.de
Coverbild: Shutterstock